Дочери Маше и внукам Юре и Боре

Елена Маркович

БУДУЩИЕ ГРОЗЫ В ОБЛАКЕ ПЛЫВУТ

СТИХОТВОРЕНИЯ И ВОСПОМИНАНИЯ

DarkSlide Press
Miami
2016

Елена Маркович.
Будущие грозы в облаке плывут. Стихотворения и воспоминания.
Майами, 2016. 201 страница.

Елена Маркович родилась в Москве в марте 1931 года. В 1953 году окончила филологический факультет Московского университета по специальности "Немецкий язык и литература". Много лет работала редактором в крупнейшем советском издательстве "Художественная литература". В Москве публиковала свои литературные переводы с немецкого — стихи, рассказы, повести и романы, писала предисловия к книгам. Среди её переводов — произведения Франца Кафки, Лиона Фейхтвангера, Э.Т.А. Гофмана, Симона Визенталя, Виктора Клемперера и многих других авторов. В ноябре 2013 года Елена Маркович переехала в Соединенные Штаты, чтобы быть ближе к своей дочери и двум внукам, и обосновалась в Майами. Стихи она писала всю жизнь, начиная с восьмилетнего возраста. Публикуемые впервые стихи и воспоминания дают представление о жизни автора и о времени, в котором она жила. В книгу включены также заметки, пояснения и фотографии.

Впервые опубликовано в США в издательстве DarkSlidePress

ISBN 9781942180012   © *Елена Маркович, текст и фотографии, 2016*
© *DarkSlide Press, дизайн, 2016*

Elena Markovich.
Future thunders in the cloud sailing. Poems and Memoirs.
Miami, 2016. 201 pages

Elena Markovich was born in Moscow on March 2, 1931. She studied German language and literature at Moscow State University, graduating in 1953. For many years, she worked as an editor at Khudozhestvennaya Literatura, the Soviet Union's leading publishing house. Over the course of her long career, she has edited, translated, and wrote introductions to numerous Russian editions of German literature, including poetry, short stories, and novels. Among her translations are works by Franz Kafka, Leon Feuchtwanger, E.T.A. Hoffmann, Simon Wiesenthal, Viktor Klemperer, and many others. In November 2013, she moved to the United States in order to be closer to her daughter and two grandsons, settling in Miami, Florida. She has been writing poetry since the age of eight. In addition to poems spanning nearly eight decades, this book includes notes, recollections, and photographs.

First published in USA in 2016 by DarkSlide Press

ISBN 9781942180012   © *Elena Markovich, content, 2016*
© *DarkSlide Press, design, 2016*

ВОСПОМИНАНИЯ
о моей жизни и моих стихах
(вместо предисловия)

"Жизнь моя, иль ты приснилась мне…"
Сергей Есенин

Писать о себе очень трудно, гораздо труднее, чем переписывать из ветхих записных книжек и разваливающихся блокнотов записанные когда-то и полустёртые временем собственные стихи. Эту книгу можно было бы озаглавить "История одной жизни". Жизнь была долгой и почти кончилась, остались только воспоминания и стихи, которые о них рассказывают, иногда подробно, а иногда не очень. Ведь стихи, в сущности, и есть моя жизнь, я писала их с раннего детства до глубокой старости. Сейчас, перепечатывая их на компьютере, я словно заново знакомлюсь с этой странной, почти незнакомой мне девочкой, с девушкой, влюбленной в романтику, и даже с постепенно стареющей женщиной, которая пишет стихи все реже и реже.

Я всё время удивляюсь: неужели я сама всё это написала - о себе, о родной природе, увиденной моими глазами, о дружбе и любви, об учебе в школе и в университете и о поразивших меня отдельных событиях из моей юношеской и взрослой жизни. А также, о не вполне понятных мне трагических годах в жизни России и о моем их восприятии, а, следовательно, и о настроениях людей тех далеких лет, переживших многое из того, что пережила я.

Почти все мои стихи написаны от первого лица, но одновременно они рассказывают не только обо мне, но и о моем времени – к тому же на русском языке того времени. Может быть, самое интересное в этой книге – точные даты, которые я еще в школе ставила под всеми своими стихами и которые порой меня саму немало изумляют. Естественно, что больше всего стихов я написала в годы отрочества и юности, поэтому наибольшие разделы в книге - "школьные стихи" и "университетские стихи" и мне эти разделы более всего симпатичны. А моих "взрослых" стихов оказалось совсем немного, хотя я льщу себя мыслью, что и эти стихи по-своему интересны и пригодятся хотя бы историкам как «документ эпохи».

Читатель должен помнить, что это всего лишь предисловие к сборнику стихов, а не книга воспоминаний о моей долгой жизни. Я писала о том, «какой была и стала» (цитирую здесь саму себя). Достаточно подробно я вспоминаю о своем детстве, об эвакуации во время войны и о своих родителях, главным образом потому что, как все «долгожители», особенно хорошо помню то, что было давным-давно, а также потому что именно это изначально сделало меня такой, какая я есть. К тому же сейчас уже мало кто помнит эти стародавние годы.

В жизни у меня было немало удивительных приключений, встреч и путешествий, но я не пишу о них, если это не нашло отражения в моих стихах. Я люблю и умею рассказывать о разных событиях и о разных людях устно, всегда кому-то что-то рассказывала и меня с удовольствием слушали во все периоды моей жизни. Но я никогда не садилась за стол, чтобы написать стихи на определенную тему, стихи как-то приходили ко мне сами собой, помимо моей воли. Иногда они мне нравились, иногда – нет, тогда я даже не считала нужным их записывать. Много стихов, которые мне нравились, я потеряла или забыла, вспоминаются только отдельные строчки. Целый ряд сочиненных мной стихотворных поздравлений с новым годом или с днем рождения я сознательно не включила в эту книгу.

Прошу прощения у моих друзей и подруг, из которых в живых у меня остались лишь единицы, да и с ними я общаюсь главным образом по телефону из другого полушария, прошу также прощения у моих родных, то есть у дочери и двух взрослых внуков, что я ничего не написала о них ни в стихах, ни в прозе. Когда я перешла к описанию послевоенных лет, меня заботили главным образом краткость и точность. Слишком длинно пришлось бы мне обо всем рассказывать, слишком много у меня всего было и многое я уже позабыла. Сознаю, что порой мое предисловие напоминает автобиографию, которую так часто по всяким поводам от нас требовали в России, или то, что в литературе и в современной жизни называется curriculum vitae (в переводе с латинского «ход жизни»), но написать по-другому я не сумела. Кстати, я сочла нужным дополнить текст книги многочисленными сносками, прозаическими пояснениями и фотографиями.

Итак, после этого «предисловия к предисловию» я начинаю рассказ о своей жизни, довольно типичной для тех далеких лет, и о своей среде, в которой я выросла. Я родилась в Москве в марте 1931 года в интеллигентной и полностью ассимилированной еврейской семье. До войны 1941-1945 года у меня была няня Феня, которую, по настоянию и слезным мольбам ее деревенской семьи, отпустили из колхоза в Москву на заработки. Она спала на кухне, слава богу (я часто по привычке говорю эти слова, хотя никогда не верила в Бога), что наши соседи, жившие в той же квартире, это разрешили. У нас было целых две комнаты и у наших единственных соседей тоже две. Это считалось тогда большой роскошью. С 1935 года мы жили в новом девятиэтажном доме МОСЭНЕРГО[1], на Раушской набережной на берегу Москвы-реки. Одна комната называлась "детская", там спала я и мой младший брат Миша, родившийся в 1935 году, вторая чуть побольше - "столовая", там спали мои родители и посреди комнаты стоял большой круглый стол, за которым мы все ели.

Я очень любила и жалела свою няню, так как знала, что все получаемые у нас деньги она отсылает своим родным в деревню, иначе они бы умерли с голоду. Иногда я даже спрашивала себя: кого я больше люблю - маму или Феню. Феня первая приобщала меня к русской деревенской культуре, пела мне народные песни, шуточные и серьезные, в том числе и хулиганские частушки, и песенки для детей, и колыбельные, рассказывала удивительные сказки.

Мой отец, Исаак Моисеевич Маркович (1900–1974) окончил Московский Энергетический институт[2] (МЭИ) и одновременно три курса московской Консерватории (теория композиции, класс Глиэра[3]). Отец бросил консерваторию в 1926 году по двум причинам.

---

[1]МОСЭНЕРГО, в котором работал тогда мой отец, – объединение энергосистем различных городов, областей и республик СССР с единым диспетчерским пунктом в Москве. Это учреждение осуществляло развитие и совершенствование энергосистем, а также планирование и постройку новых электростанций и сетей передачи электроэнергии.

[2]Один из ведущих технических ВУЗов Москвы, создан на базе факультета энергетики МВТУ (Высшего Московского Технического Училища).

[3]Рейнгольд Эрнест Глиэр (1874 – 1956) – знаменитый российский композитор, дирижер, педагог. Был профессором, позже директором Московской Консерватории, а также автором многих музыкальных произведений, в том числе ряда опер и первого советского балета "Красный мак".

Во-первых, его учитель, известный композитор Глиэр, надолго уехал в Китай, чтобы писать там балет "Красный мак", действие которого происходит в Китае. Во-вторых, в том же году отец женился, и ему стало трудно совмещать два вуза, надо было зарабатывать деньги на содержание семьи. Из двух вузов отец, по его словам, выбрал более "надежный".

Как написано в предисловии к его воспоминаниям "Записки энергетика" (1975), отец был "ярким представителем советской интеллигенции, разносторонность интересов и большая работоспособность которого позволили ему успешно совмещать производственную работу в МОГЭСе[4] (позже МОСЭНЕРГО) с научно-исследовательской работой в ЭНИНе[5]". Он устроился на свою первую работу в Могэсе в 1927 году, еще будучи студентом, на должность техника, потом инженера и проработал в этой организации, первоначально руководившей электроснабжением Москвы, позднее постепенно расширившей свои функции до руководства всеми энергосистемами СССР, без малого 30 лет.

С 1942-го, самого тяжелого года войны, до 1956-го отец работал там в должности зам. главного диспетчера и одновременно начальника "службы режимов". В 1937 году его пригласили в ЭНИН, где дали добро на его работу по совместительству, так как отец не хотел бросать Мосэнерго. При этом главной для него всегда была научно-исследовательская работа.

Став заведующим лаборатории в ЭНИНе, отец формально ушел из Мосэнерго, но никогда не терял с ним связи, и эта связь с практикой энергетики всегда помогала ему продвигаться в науке. В эти годы он защитил две диссертации: кандидата технических наук (1938) и доктора технических наук (1946). В 1962 году ему было присвоено ученое звание профессора МЭИ, где он читал, среди прочих, разработанный им лекционный курс "Теория относительности Эйнштейна в энергетике". Отец много бывал заграницей, делал доклады на заседаниях международной организации энергетиков в разных странах Европы. Следует добавить, что он свободно говорил по-английски и удивительно легко и быстро осваивал новые иностранные языки.

---

[4]МОГЭС – Московское Объединение Государственных Электрических Станций. Позднее, с началом постепенного объединения энергосистем страны и создания Единой Энергетической Системы СССР, где-то в 1932 году, МОГЭС был преобразован в Мосэнерго.
[5]Энергетический институт Академии Наук СССР – с 1939 года имени Г.М. Кржижановского.

Его книги по электротехнике, главная из которых, монография "Сети и системы", переведены на большинство европейских языков, и даже на китайский.

Я так подробно рассказываю об отце, потому что именно он оказывал на меня наибольшее влияние в мои детские, студенческие и даже взрослые годы. Отец всегда пытался научить меня всему, что умел делать сам, заинтересовать тем, что было интересно ему. А умел он многое и интересовался, как мне кажется, всем на свете. Именно отец научил меня плавать в четыре года, сбросив с лодки в воду – к ужасу моей мамы. Я выплыла и убедилась, что вода меня держит. Помню, мама закричала так оглушительно, что ее услышали все, кто был на берегу озера: « Что ты делаешь с ребенком?!», а отец нагнулся и втащил меня в лодку. Позже родители вместе со своими друзьями обсуждали на террасе поступок моего отца и все его дружно ругали, а я подошла к столу и очень важно сказала: «Всё хорошо, что хорошо кончается». Взрослые засмеялись. Это одно из моих самых ранних воспоминаний. Но, может быть, мне только кажется, что я это помню, и мне просто кто-то когда-то это рассказал.

Провожая меня, маму и моего брата Мишу в эвакуацию осенью 1941 года, он подарил мне на вокзале первые в моей жизни собственные книги – новенькие однотомники Пушкина и Лермонтова, "Вечера на хуторе близ Диканьки" Гоголя и "Приключения Николаса Никльби" Чарльза Диккенса. Отец тратил много времени, чтобы научить меня решать задачи по математике и даже помог мне оценить красоту и логичность этой науки. В первые школьные годы он сам покупал и приносил мне новые книги для чтения. Потом вместе со мной он выбирал книги в библиотеке. Благодаря ему я горячо полюбила литературу русскую и зарубежную, особенно поэзию. Я взахлёб читала книги и написала очень много своих стихов. По примеру отца я с интересом изучала и в школе, и в университете иностранные языки. Когда я училась на классическом отделении филфака МГУ (два моих первых курса), отец помогал мне делать домашние задания по латыни, так как окончил царскую гимназию в Витебске, где основательно преподавали этот предмет. Он всегда говорил: "Я еще помню то, что ты уже позабыла".

Особенно я благодарна отцу за то, что он научил меня слушать и любить музыку. Он брал меня с собой на концерты в консерваторию, он сам прекрасно играл на рояле и познакомил меня с творчеством многих знаменитых отечественных и зарубежных композиторов. После работы он всегда несколько часов играл на рояле свою, только что им сочиненную, или чужую музыку – это был его отдых. Мои школьные и университетские друзья часто бывали у нас в гостях, чтобы послушать, как играет мой отец. Почти каждую субботу вечером у нас дома была так называемая Hausmusik[6] – приходили музыканты, друзья отца, обычно двое или трое, игравшие на разных музыкальных инструментах. Я хорошо помню Бориса Вельтмана – первую скрипку оркестра московского Большого театра.

Именно отец водил меня, школьницу младших классов, в разные музеи и картинные галереи, чаще всего в Третьяковку или в Пушкинский музей[7]. Мы ходили с ним вдвоем на прекрасные сборные концерты в "Дом ученых" по случаю разных праздников. В антрактах обязательно посещали буфет, и отец всегда покупал мне что-нибудь вкусное: например, копченого угря или бутерброд с черной икрой. Мама не любила куда-то ходить по вечерам, особенно после того, как бросила работу и стала домашней хозяйкой. Это было в 1948 году, когда мой младший брат заболел бронхоаденитом и ему потребовался постоянный уход.

Моя мама была замечательной матерью и любила меня, как она всегда говорила, "больше всех на свете", пока в 1959 году не родилась моя дочь Маша – ее старшая внучка. Она очень вкусно готовила, об этом не раз вспоминали мои друзья и подруги. Мама работала учительницей математики в начальной школе и учила меня читать, считать и даже писать, поэтому я смогла поступить сразу во второй класс. Я начала учиться в той же школе, где она работала. Тогда еще не было элитных школ, все школы делились только по районам Москвы. Я училась на круглые пятерки не только ради мамы, но и потому, что сама этого хотела.

Лишь по чистописанию во втором классе у меня была четверка с минусом и по рисованию - тройка, но это были не основные предметы, их не ставили в аттестат. На уроках чистописания (или на "уроках письма", точно не помню) мы писали буквы, а потом слова и целые фразы по прописям, 86-м пером, окуная ручку в чернильницу. Нередко ставили кляксы в тетрадках (тетрадки были с косыми линейками или в клеточку - "по письму" и "по арифметике"). Капли чернил частенько попадали у нас на одежду, на пол и на соседа по парте. Самое страшное было посадить кляксу в дневник, где было расписание уроков и записи учителей. Руки у меня вечно были в чернилах, и я оттирала их дома пемзой.

---

[6] Домашняя музыка (нем.)
[7] Третьяковка - Государственная Третьяковская галерея, крупнейшее в России собрание картин русских художников. Пушкинский музей - Государственный музей изобразительных искусств им. А.С. Пушкина.

С мамой, 1940 год

С братом Мишей, 1939

Мои родители

Самым сильным моим переживанием в детстве была война против гитлеровской Германии (1941-1945) и наша жизнь в эвакуации. Уже на второй или третий день войны все знали первый куплет неизвестно кем сочиненной песни:

Двадцать второго июня,
Ровно в четыре часа
Киев бомбили, нам объявили,
Что началася война.

По радио выступал Молотов, за ним через несколько дней выступил Сталин, который начал свою речь с непривычного обращения "Братья и сестры!" вместо "Дорогие товарищи!", и похвалил русский народ за терпение. Мы с моей подругой из другого подъезда убегали со двора на улицы в поисках немецких шпионов, которых можно было бы "разоблачить", а во время первых "воздушных тревог" ухитрялись тайком от родителей пробраться через чердак на крышу нашего девятиэтажного дома, где мы наравне со взрослыми тушили бомбы - "зажигалки". Поскольку в нашем доме еще не было бомбоубежища, ночью во время "воздушной тревоги" мы с мамой и братом уходили спать в метро. Там стелили одеяла прямо на рельсах, где было свободное место. Когда звучала сирена "отбоя", мама нас будила и вела домой. Отец большей частью работал в ночную смену на диспетчерском пункте Мосэнерго, которое во время войны стало также штабом полка МПВО[8]. Для всех работников был введен военный режим, и отцу часто приходилось дежурить ночью на крыше в качестве начальника штаба полка МПВО. Как и все работники Мосэнерго призывного возраста, он просился на фронт, но на работе его не отпустили и дали ему "броню".

В середине июля мама была назначена директором интерната (никто из других учителей не согласился взять на себя такую ответственность) и увезла 100 детей пятых-шестых классов в довольно далекую подмосковную деревню - 16 километров от станции электрички Белые Столбы. Естественно, что своих детей (10 и 6 лет) она взяла с собой. Ей

---

[8] МПВО – Московская противовоздушная оборона.

помогали только три родительницы, которые поехали с нами в деревню, также захватив с собой своих малолетних детей. Меня зачислили в младший отряд, и я спала в сарае –"спальне для девочек", а мама с Мишей спали в избе. В колхозе нам дали мешки для матрасов и подушек, и мы сами набивали их сеном. Я впервые увидела в таком количестве коров, коз, овец и других домашних животных, а также кур, гусей и уток, впервые в ненастные дни вместе с другими ребятишками отогревалась наверху на русской печке. Помню, что девочки из деревни учили нас разным песенкам и всевозможным гаданьям, что мы бросали в речку венки из васильков и ромашек и что я довольно скоро заболела дифтеритом. Меня сразу же изолировали от других детей и на следующий день отвезли на телеге в Белые Столбы, где положили в больницу. Мама ходила ко мне пешком почти каждый день (16 км туда и обратно). В больнице почти не было врачей и медсестер (все были на фронте), и мы, девочки и мальчики из "детской палаты", лазили в темноте на крышу и смотрели оттуда, как бомбят Москву.

В сентябре 1941 года отец проводил нас - маму, меня и маленького Мишу - в эвакуацию в город Киров (ранее – Вятка, и позже тоже Вятка). Ехали мы туда, как и все эвакуированные, в набитых людьми "теплушках"[9]. В Кирове нам удалось снять не комнату, а только угол комнаты, и здесь я училась в школе первую четверть четвертого класса. Потом папа через свои "энергетические связи" перевел нас в область - на стройку электростанции "Кирчептэц". Стройка находилась на самом берегу реки Вятки, недалеко от районного центра – города Кирово-Чепецк. Здесь мама смогла устроиться на работу, правда, не в школу, а заведующей клубом для рабочих-строителей. Недостатком этой работы было то, что она каждый день поздно возвращалась домой. Но зато маме дали продуктовую карточку ИТР[10], и она получала по ней 600 г хлеба в день. Дневной паек детей и иждивенцев был 400 г. Хлеб, естественно, был только черный.

На стройке нас поселили в новеньком деревянном бараке (комната 17). Внутри барак был длинный, вроде вагона: узенький коридор и с одной стороны 20 отдельных комнат, каждая по ширине примерно как два железнодорожных купе, с дверями, которые не запирались Внутри с двух сторон деревянные нары для спанья. На нарах довольно

---

[9] Вагоны для перевозки крупного рогатого скота.
[10] ИТР – инженерно-технический работник. Рабочие получали тогда по карточкам целых 800 г.

жесткий матрас. Каждой семье выдали по два-три комплекта спального белья, а также две подушки и два одеяла. Мама спала вместе с Мишей, а я с другой стороны отдельно. Необходимую посуду и столовые приборы нам выдали на троих. Между нарами под окном был приделанный к стене квадратный столик. За этим столиком, сидя на своей постели, я делала письменные уроки. Над моей головой была длинная полка, а под ней прикрепленный к стене шкафчик для посуды. Там хранились наши чашки, ложки, вилки, две кастрюли, чайник и всё прочее. Там же всегда стояла огромная банка с молоком (она называлась "четверть", я так и не выяснила: четверть чего?) и лежал нарезанный черный хлеб.

Молоко приносила по воскресеньям из деревни очень красивая юная девушка, но сговариваться об этом надо было с ее матерью – хозяйкой коровы. Поскольку денег ни у кого не было, мама меняла на молоко свои нарядные платья, за одно платье – пять-шесть "четвертей" молока. По вечерам я зажигала коптилку[11], чтобы поужинать с Мишей, а потом доделывала уроки и читала книжку. Когда мама ночью приходила с работы, она отнимала у меня книжку, чтобы я не портила себе глаза.

Мне трудно рассказать о жизни в эвакуации во всех подробностях, хотя я очень хорошо всё помню. Эта жизнь была совсем иной, чем довоенная жизнь в Москве. Постараюсь перечислить хотя бы все мои обязанности первой военной зимой 1941 года. Вставать мне приходилось рано, часов в семь. Прежде всего я должна была затопить печку, чтобы обогрелись все комнаты барака. Печка находилась в конце коридора, напротив последней, 20-й комнаты. Дрова были заранее приготовлены взрослыми, чаще всего это были березовые поленья Я, по возможности, обдирала с них кору на растопку. Затем топориком раскалывала их на маленькие полешки, чиркала спичкой - поджигала березовую кору и старые газеты.

Второй моей обязанностью было принести достаточно воды и наполнить два умывальника, под которыми были раковины, чтобы вода выливалась прямо на улицу. Кроме того, надо было оставить в особом ведре воду для питья. В нашем бараке все остальные дети были младше меня, поэтому приносить воду и растапливать железную

---

[11] Коптилка – самодельная лампадка. В маленькую баночку с каким-нибудь жиром погружали свитый из ниток и обмакнутый в растопленный свечной воск фитиль, который зажигали. Свечей было мало и их берегли на праздник.

печку приходилось мне. Помню, что зимой я надевала валенки, обматывала шею шарфом и ставила на санки небольшую деревянную кадушку. По накатанному снегу я шла к реке Вятке. Река была замерзшей, и я осторожно, помня наказы мамы, тащила санки по льду к проруби и черпаком наполняла кадушку. После этого я могла позавтракать. Кто-нибудь из взрослых в бараке уже вскипятил чайник, и мне наливали кипяток, который я заваривала щепоткой чая и долго студила. Сахара всегда не хватало, чаще всего я пила чай с леденцами ("ландринами"), их давали по талонам на детскую карточку. Затем мне надо было разбудить Мишу, отвести его в детский сад, а самой бежать в школу. Завтраком Мишу кормили в детском саду.

В обеденный перерыв мама ходила в столовую ИТР, где ей давали тарелку баланды[12] и ломоть хлеба (50 г). Баланду она переливала в банку и приносила домой, чтобы разделить ее со мной. Всё равно мы с братом все время ходили голодные и с нетерпением ждали хоть какой-нибудь еды. Помню каким вкусным блюдом показались мне жареные дрожжи. Маме нередко на работе подкидывали буханки хлеба, и она меняла хлеб на деревенские продукты (картошку, постное масло и др.). А во второй половине 1942 года до нас стала иногда доходить "американская помощь": яичный порошок, тушенка и даже изумительный ананасный компот в консервных банках.

Войну мы ощущали всё время хотя бы потому, что в соседнюю деревню постоянно приходили похоронки и там целый день кто-то громко рыдал. Помню, что мы с подругой мечтали убежать на фронт и стать "дочками полка". Потом началась переписка с "неизвестными солдатами", которым мы, ученики 4-го класса, посылали кому купленные в деревне теплые носки, кому - варежки или даже связанный собственноручно шарф. От такого солдата я получила несколько очень трогательных благодарственных писем с обращением "Дорогая дочка Леночка!". С весны 1942 до осени 1943 года некоторых ребят из нашего пионерского отряда (в том числе и меня) возили на автобусе по госпиталям, где мы "выступали" в палатах, чтобы развлечь раненых. Среди них было много безутешных людей, которым ампутировали руку или ногу и они навсегда стали инвалидами. Мы ездили обычно втроем: мальчик Володя играл на аккордеоне, девочка Света пела песни, а

---

[12] Так назывался в военные годы суп серого цвета, в котором плавали на дне тарелки немного зерен перловки.

я читала наизусть стихи, чаще всего "Жди меня, и я вернусь" Константина Симонова. Нашему приходу все обычно радовались, особенно в палатах, где лежали выздоравливающие или не слишком тяжело раненые, а в палаты к "тяжелым" нас не пускали. Помню, что после каждого нашего выступления нам хлопали, угощали нас, кто чем может, и по очереди рассказывали о себе: кто где воевал, где был ранен, кого оставил в родной деревне и что оттуда пишут, конечно, если деревня не была "под немцем".

В Москву мы с мамой и братом вернулись в августе 1943 года. Чтобы можно было вернуться так рано, потребовалось специальное разрешение министра энергетики, да и то не в Москву, а в город Серпухов, конечную станцию электрички. В выданном разрешении говорилось, что мама якобы направлена туда для работы на крупной серпуховской электростанции. Папа встречал нас в Серпухове и сам отвез на электричке в Москву. Помню, на перроне он сказал маме: "Кого ты мне привезла? Это не дети, это - скелеты".

В Москве мы впервые узнали, что в наш подъезд попала немецкая бомба и нашей квартиры уже не существует. Отцу повезло: когда упала бомба, он дежурил в ночную смену, и в квартире никого не было. Когда он утром вернулся, то подобрал на тротуаре разодранный альбом со старыми фотографиями, а также мою куклу и розовую собачку, которые мне привезли мамины родственники из Америки в 1939 году. Нас временно поселили в квартиру эвакуированных и мне пришлось поступить в другую школу.

Началась послевоенная жизнь со своими трудностями, но я почему-то помню ее не так хорошо, как военные годы. Моя жизнь отчетливо делится на те же периоды, на которые я разделила свои стихи: годы детства, школьные годы, университетские годы и, наконец, годы взрослой жизни. Детство осталось далеко позади, оно было "до войны". Стихи я, по-видимому, начала писать в 8 лет, во втором классе или после второго класса, во всяком случае, мои родители записали с моих слов два моих детских стихотворения 1939 и 1940 года. Смутно вспоминаю, что во время войны я тоже сочиняла какие-то патриотические стихи, но никто их не записал, да я бы и не разрешила их записать, так как они мне почему-то не очень нравились.

В школе я училась охотно, успевала по всем предметам, и мне всё было интересно. Я легко сближалась с одноклассницами и у меня всегда было много подруг. Любимыми школьными предметами у меня были литература, математика и география. Может быть, причина в том, что в школе, в которой я училась с 8-го по 10 класс (тогда в Москве была "школа-десятилетка"), преподавали очень хорошие старые учителя, когда-то работавшие еще в царской гимназии. Впрочем, в те годы из нашей школы хотели сделать некое подобие дореволюционной гимназии. Я училась в "женской школе", где общение с мальчиками было затруднено и не поощрялось. Для мальчиков и девочек ввели обязательную школьную форму, чтобы "все были одинаковыми и никто не кичился своими нарядами". Мальчиков из соседней мужской школы приглашали в нашу школу по большим праздникам - на "балы", или "танцевальные вечера". Нас учили танцевать бальные танцы, а не какие-нибудь "западные фокстроты". Помню, как наша директриса таскала меня в "умывалку", чтобы размочить мне волосы и выяснить, действительно ли у меня кудряшки "от природы" или я завиваюсь, что школьницам было строго запрещено.

Но в целом я хорошо вспоминаю свои школьные годы. Литературу нам преподавала маленькая седенькая старушка Надежда Петровна. Как-то она два урока подряд читала нам вслух повесть "Степь" Чехова и говорила: "Постарайтесь вслушаться в эту замечательную русскую прозу". Она помогла мне на всю жизнь влюбиться в русский язык, в русскую прозу и стихи замечательных русских поэтов. Именно благодаря ей я была буквально ошеломлена необыкновенным звучанием древнерусского текста "Слова о полку Игореве", начало которого она также прочитала нам вслух. Я тут же выучила это начало наизусть и села писать его русское стихотворное переложение. Надежда Петровна разрешала мне писать все домашние сочинения в стихах, и мне это было гораздо проще и получалось гораздо короче, чем сочинение в прозе.

Мое переложение "Слова…" и еще одно мое стихотворение - "Весна" Надежда Петровна по собственной инициативе послала в газету "Пионерская правда", и меня вскоре пригласили туда в "литобъединение юных поэтов" (8 -10 класс) при "Пионерской правде" (мы тогда называли ее "Пионерка"). Мальчики и девочки из "литобъединения" собирались раз в неделю и читали друг другу свои или чужие, где-то раздобытые и понравившиеся, стихи. Руководил нами какой-то взрослый поэт, кажется, брат поэта-песенника Льва Ошанина, но он большей частью молчал, редко кого-то хвалил и никогда никого не ругал. После пребывания в литобъединении "Пионерки" я перестала так дичиться мальчиков. У меня появились новые подруги и друзья-мальчики, некоторые из них даже были в меня "влюблены" – уж это было для меня совершенно ново. Мальчик по имени Вадим отозвал меня в сторону и тайком от всех прочел посвященные мне стихи. Из них я помню только четыре строчки:

Ночной туман струится по дорогам,
Я Лену жду, я не могу не ждать.
Я должен ей сказать об очень многом,
Но я боюсь, что не смогу сказать.

Стихи мне понравились, мальчик - не очень. Впрочем, все эти девочки и мальчики, за редким исключением, через два года оказались на одном со мной филологическом факультете Московского университета. Мое знакомство с русской поэзией после хождения в "Пионерку" сильно расширилось. Конечно, для себя я уже раньше открыла стихи Блока и Есенина, не включенные в школьную программу, и очень их полюбила, но таких поэтов, как Гумилев, Надсон, Северянин, и некоторых других, я узнала только от друзей из "Пионерки".

Жизнь моя была похожа на жизнь многих моих московских школьных и университетских подруг из интеллигентных, средних по доходу семей. Я, как и все мои подруги, была большой патриоткой России, гордилась нашей великой победой 9 мая 1945 года и увлекалась древнерусской и российской историей, хотя многое в нашей привычной жизни казалось мне неправильным и несправедливым. В 1948 году я окончила среднюю школу с золотой медалью, что давало мне право поступить в университет без экзаменов, и в том же году поступила в МГУ, предварительно долго выбирая между мехматом и филфаком[13]. Победила любовь к литературе. Среди поступавших на филфак было много "золотых", и еще больше "серебряных" медалистов, то есть тех, кто получил на экзаменах всего одну четверку. С серебряной медалью принимали тех, кто недобрал на конкурсе 1-2 балла.

Сначала я поступила на "классическое отделение" (специальность: античная литература, латынь и древнегреческий язык), хотя заявление подавала на романо-германское, но там не было мест. Мне предложили на выбор поступить на классическое или испанское отделение, где конкурс был поменьше, или же сдать экзамены на общих основаниях, но я побоялась. Однако в середине второго курса я, по своему желанию, сдав целых 17 предметов "разницы", перевелась на тот же курс романо-германского отделения (специальность - немецкий язык и литература). Хотя в школе я учила немецкий с 5-го класса и очень любила читать легкие немецкие книжки для школьников, особенно стихи и сказки, причем некоторые немецкие стихи даже выучивала наизусть к радости моей школьной учительницы, но немецкий при поступлении на отделение германистики я знала довольно плохо. Репетиторов и частных уроков тогда еще не было. Мне неслыханно повезло, что преподавательница немецкого языка в университете поверила моему честному слову и рискнула дать согласие на мое зачисление в ее группу в 4-ом семестре, когда я твердо обещала ей, что буду работать самостоятельно и со временем обязательно всех нагоню. Она сама мне в этом помогла, давая дополнительные задания и занимаясь со мной отдельно (причем совершенно бесплатно).

По языку я окончательно нагнала своих новых однокурсников только к пятому курсу, и это стоило мне невероятных трудов и многих бессонных ночей. Забегая вперед, скажу, что свободно разговаривать по-немецки я научилась только в конце 60-х – начале 70-х годов, когда на работе в издательстве меня стали использовать как устного переводчика и примерно раз в два года посылали в командировки в Германию, вернее тогда в ГДР. Вскоре я завела себе там друзей в разных городах (в основном писателей и издательских редакторов) и стала ездить к ним в гости по приглашению, а также приглашала их к себе в Москву. Кроме того, я часто сопровождала приехавших к нам

---

[13] Между механико-математическим и филологическим факультетом.

В Потсдаме с моей немецкой коллегой и подругой, слависткой Марлиз Юнке из берлинского издательства «Aufbau» (крупнейшее литературное издательство в ГДР, связанное с нашим издательством «Художественная литература» многолетними партнерскими отношениями).

С Марлиз Юнке в предместье Берлина. Мы плывем на большой «гондоле» по так называемой «берлинской Венеции» - старинному водному каналу вокруг Берлина.

В Берлине с коллегой – редактором Эллинор Дюстерхёфт перед ее домом

Я и мой муж Рувим гостим у моего ровесника, немецкого писателя Клауса Штайнхаусена в старинном городе Рудольфштадт в Вестфалии (1989 год). На фото Рувим и Клаус.

в командировку немцев, гостей нашего издательства, в их поездках по СССР. Благодаря этому я сама много поездила по своей стране и, как мне кажется, побывала почти во всех республиках. В ГДР я была десять раз и только два раза в ФРГ.

Мы принимаем Клауса Штайнхаусена у себя в Москве (1991 год).

Однако вернусь назад, в мои студенческие годы. Университет я окончила в 1953-ем. Напомню, что это был год смерти Сталина (5 марта 1953), а, значит, и год больших перемен, хотя и не таких больших, как я надеялась. После сообщения о смерти "великого вождя" большинство советских людей испытали великое горе. Я помню, что побежала в университет, где в коридорах и на лестнице увидела множество плачущих людей, как студентов, так и преподавателей. Кое-кто, правда, утверждал потом, что, по их мнению, не все плакали "искренне", некоторые "притворялись", но особенно отвратительны, дескать, были те, кто совсем не огорчился и "не пролил ни слезинки".

Я к тому времени уже доросла до того, чтобы не плакать и не горевать о Сталине, хотя помню, что с ужасом спрашивала папу: "Что же теперь с нами будет?". Во всяком случае, было прекращено совершенно чудовищное "дело врачей", когда девять самых известных московских врачей (из них шестеро - евреи) были обвинены в заговоре с целью отравить советское руководство. Ходили слухи, что врачей повесят на Красной площади в Москве и на площадях во многих других городах и по всей стране пройдут "стихийные" погромы, а все советские евреи, якобы по их собственной просьбе, спасаясь от гнева советского народа, будут депортированы – то есть отправлены на жительство в Сибирь или на Дальний Восток в совершенно непригодную для жизни местность. Кто-то говорил нам, что там уже строят бараки. Я и многие мои друзья жили под страхом надвигающихся событий. Не буду писать об этом подробно, так как "дело врачей" и прочие невероятные события того времени достаточно отражены в энциклопедиях и исторических пособиях. Расскажу только, что 4-го апреля 1953 года мама разбудила меня и сунула мне в руки газету "Правда", в которой было написано, что врачи – вовсе не убийцы, а главная доносчица, некая Лидия Тимашук, лишена присвоенного ей за донос высшего ордена. Я подумала о парадоксе: месяцем раньше в газете "Правда" черным по белому печатали явную "неправду". Через два дня я защищала диплом. Как мне стало известно, наш заведующий кафедры профессор Самарин, известный антисемит, осторожности ради переписал "разгромный" отзыв на мой диплом, изменив его на "положительный". В результате я вместо ожидаемой мною "тройки" получила "пятерку", то есть "отлично". Государственные экзамены я тоже сдала успешно, даже "немецкий язык", и по правилам меня должны были принять в аспирантуру, но всё же не приняли. Думаю, что не приняли исключительно "по пятой графе"[14].

---

[14] В "пятой графе" стандартной анкеты, а также в "пятой графе" в паспорте в советские времена указывалась национальность.

Некоторые университетские друзья остались моими друзьями на долгие годы. Такова была Инна Бернштейн, которая стоит на фото рядом со мной со своим маленьким сыном Маркушей. Инна стала широко известной и замечательной переводчицей английской литературы. Мы дружили с ней семьями, вместе отдыхали в Кясму (Эстония), друзьями стали наши дети и даже внуки стали друзьями. Я не теряла с ней связи почти до самого конца ее жизни (она умерла после тяжелой болезни в 2012 году).

После окончания университета, в следующем, 1954 году, я сначала недолго (один учебный год) работала преподавателем немецкого языка в МАИ (Московский Авиационный институт), а в марте 1955-го года, по собственному желанию, уехала по путевке Министерства просвещения РСФСР в город Улан-Удэ в Восточной Сибири. Там я была зачислена на должность старшего преподавателя зарубежной литературы Бурят-Монгольского педагогического института им. Доржи Банзарова. Когда я впервые пришла в институт, я сразу же спросила, кто такой Банзаров, и мне тут же четко ответили: "бурятский Чернышевский".

В институте я была единственным "зарубежником" и преподавала все возможные курсы зарубежной литературы: "от Гомера до Флобера" и далее, до литератур "нового времени", то есть первой половины XX века. При этом мне пришлось преподавать на трех факультетах: на "литфаке" – факультете русского языка и литературы, на "инфаке" - факультете иностранных языков и на "бурфаке" - факультете бурятского языка и литературы. Если добавить при этом обязательную работу с заочниками в мае-июне: чтение им сокращенного курса лекций и прием экзаменов, то можно понять, что нагрузка у меня была поистине "нечеловеческая", и я немало удивляюсь своей былой работоспособности.

Студенты между собой необидно называли меня "москвичка" или "зарубежка", а за спиной я могла невзначай услышать: "А зарубежка однако опять на Уде купалась". Река Уда на территории города впадает в более широкую реку Селенгу, и название бурятской столицы до 1934 года было Верхнеудинск. Первое время я очень скучала по Москве и писала тоскливые письма в стихах, вроде: *"Пять тысяч шестьсот километров отделяют меня от дома, //Я сама это всё придумала и расхлебывать мне одной. // Я иду по чужому городу, совсем еще незнакомому, // С непривычно яркими звездами и такой же яркой луной…"*

Можно упомянуть, что в Улан-Удэ я вела также кружок зарубежной литературы, и это был единственный из объявленных в институте кружков для студентов, который действительно работал. Самовольно расширяя тематику, я знакомила своих студентов с многими любимыми мной русскими и советскими поэтами и даже с выходившими в те годы блестящими переводами из старинной китайской и японской поэзии. В результате за свое усердие я едва не получила строгий выговор "с занесением в личное дело" – в частности за то, что, как говорил на собрании мой декан: "Творится форменное безобразие, все студенты занимаются одной зарубежной литературой. Это необходимо пресечь. По наводке Елены Исааковны наши студенты запоем читают толстенные неприличные романы о любви, манкируя более важными, профильными предметами. Я даже записал два названия из ее списка: "Мадам Бовари" какого-то Флобера, а также "Блеск и нищета куртизанок" (даже произносить неудобно) какого-то Бальзака. Подумать только, что такие книги есть в нашей библиотеке. И какое однако она имеет право требовать, чтобы и без того перегруженные студенты забивали себе голову, читая совсем ненужную им пьесу "Гамлет". Ведь с ее кратким содержанием их можно было бы ознакомить, прочитав его по хрестоматии и всё объяснив своими словами" (цитируется по сохраненной мной стенограмме).

Впрочем, меня, как новичка, все же избавили от выговора и не уволили с работы, чего я больше всего боялась, а только пожурили. Тем более, что очень отважно и аргументированно меня защищал преподаватель с кафедры химии по имени Антон Вапцаров. Правда, ректор был очень недоволен таким выступлением Антона и сказал достаточно громко: "Он и сам здесь без году неделя, я ему это еще припомню".

Антон умер в Улан-Удэ в 1957 году от туберкулеза 48-ми лет отроду, так и не дожив до своего предполагаемого переезда в Москву. Для меня это было очень тяжелым ударом, мы с ним полюбили друг друга и собирались пожениться. Из-за него я рассталась со своим первым мужем. Об этом я рассказываю подробнее перед стихотворением "Дон Кихот".

В Москву я вернулась еще до смерти Антона, в 1956 году. Он должен был приехать позже, о его смерти мне сообщили телеграммой, но я лежала в больнице со сложным переломом и даже не смогла полететь на похороны. В Москве после сдачи конкурсных экзаменов меня приняли в очную аспирантуру МГПИ[15]. Исполнилась моя

---

[15] Московский государственный педагогический институт им. Ленина, в сущности, второй московский университет.

давняя мечта, я стала аспиранткой знакомого мне еще по МГУ выдающегося знатока старинной немецкой литературы профессора Бориса Ивановича Пуришева, который с 1955 года работал на кафедре зарубежной литературы МГПИ. Незадолго до того его уволили из МГУ, Дело в том, что он около года жил (естественно, не по своей вине) на оккупированной немцами территории и даже там работал - преподавал историю в средней школе. Под руководством Пуришева я, продолжая тему своего диплома, написала диссертацию - "Немецкая народная песня эпохи Возрождения (XV-XVI в.в.)".

Профессор Борис Иванович Пуришев и две его аспирантки: я и моя однокурсница в университете Нина Демурова (впоследствии Нина перевела на русский язык книгу Льюиса Керрола «Алиса в стране чудес»).

Я с Павлом Олдаком и нашей дочкой Машей.

В 1958 году я вышла замуж за Павла Олдака (1926 – 2013), выпускника экономического факультета МГУ, и в 1959 году родилась моя единственная дочь Маша. Павел был на семь лет старше меня, уже защитил диссертацию и несколько лет проработал заведующим кафедрой экономики в университете города Ош в Киргизии. Через пять лет мы развелись, указав на суде в качестве причины — "не сошлись характерами". К тому времени я уже окончила аспирантуру и тоже «защитилась», как тогда говорили. Что касается судьбы Павла, то он уехал работать в новосибирский академгородок, стал доктором наук и профессором новосибирского университета. Он написал много книг по экономике и, как мне рассказывали сведущие люди, считался одним из ведущих ученых-экономистов в масштабе страны.

Примерно в те же годы я открыла для себя, а потом и для всех, совсем тогда неизвестного в России немецкого писателя Германа Гессе (1877-1962). Прочитав почти все его произведения, я сделала подробный доклад о его творчестве на "своей" кафедре в МГПИ и в Институте мировой литературы Академии наук. Я написала о нем несколько статей, две из которых были опубликованы.

После окончания аспирантуры некоторое время я работала переводчиком и младшим научным сотрудником в «Институте информации» Академии наук, но постаралась побыстрее уйти из этого, как я считала, "шпионского института". Одновременно занималась литературной работой. По заказам издательств, главным образом тех, в которых работали мои университетские друзья, написала несколько предисловий и комментариев к разным книгам и впервые опубликовала свои переводы с немецкого (стихи и рассказы). В 1966 году меня пригласили на должность старшего редактора в зарубежную редакцию издательства "Художественная литература", где я проработала почти четверть века (1966 – 1991 гг.) и впервые ощутила, что это и есть моя "настоящая работа".

В 1969 году, когда я уже третий год работала в редакции, мне довелось стать "первоиздателем" главного романа Германа Гессе "Игра в бисер" (1943). Действие в нем происходит в далеком будущем в фантастической стране-утопии, но, по сути, встревоженный писатель в переломный год второй мировой войны размышляет о судьбах мировой цивилизации и человеческой духовности. Первый перевод этого романа я редактировала вместе с приглашенным мной в качестве внешнего редактора молодым, но невероятно способным и эрудированным, в те годы еще аспирантом Сережей Аверинцевым[16], который очень много сделал для достойного появления этой книги на русском языке. Именно он придумал название "Игра в бисер", первоначально у переводчика оно было более буквальным, но менее верным - "Игра стеклянных бус". В увлекательных обсуждениях рождалась "терминология" романа: страна *Касталия*[17], ее обитатели – касталийцы, последние носители и хранители духовности, их образ жизни, занятия, их иерархия, коллегии и ордена, а также описание «игры в бисер» и создание образа "верховного предстоятеля Касталии, Магистра Игры». Аверинцев, по-моему, замечательно перевел стихи главного героя книги – Йозефа Кнехта (по-русски "кнехт" значит "слуга"). Особенно мне понравились стихи "Жалоба" и "Ступени".

Выпуск этой книги - моя первая серьезная работа в издательстве "Художественная литература", и одновременно я написала тогда свое первое большое предисловие к этой книге. Комментарии к "Игре в бисер", наверное, были по плечу только такому эрудиту, каким был уже в это время Сережа Аверинцев. В 1984 году в другом издательстве вышел второй, более талантливый и зрелый перевод "Игры в бисер", сделанный Соломоном Аптом, но, мне кажется, что стихи Кнехта в переводе Аверинцева остались непревзойденными.

Я помню, что для большинства германистов, как и для всей тогдашней интеллигентной Москвы, а, может быть, и для всех интеллектуалов нашей огромной страны, знакомство с творчеством Гессе стало событием. В Москве появились в те годы "литературные общества поклонников Гессе", где собирались люди, чтобы вместе читать

---

[16] Сергей Сергеевич Аверинцев (1937-2004) – русский ученый с мировым именем, член многих европейских академий, профессор МГУ и Венского университета. Выдающийся специалист в области истории, философии, теории литературы, истории культуры и религии, блестящий знаток античности и восточных культур, литературный переводчик, поэт и т.д., и т.д. Скончался в феврале 2004 г. в Вене. Согласно завещанию, похоронен в Москве.

[17] См. Кастальский ключ на горе Парнас в Древней Греции , священный родник бога Аполлона и муз, источник вдохновения, греч. миф.

и обсуждать произведения этого писателя. В Тбилиси в 1977 году пышно отпраздновали 100-летнюю годовщину со дня рождения Гессе. Грузинские устроители торжеств, продолжавшихся целую неделю, пригласили приехать в Тбилиси и выступить немногих специалистов - "гессеведов" из других городов, и даже оплатили их приезд и проживание. В Тбилиси я познакомилась с двумя своими коллегами - зарубежниками, преподавательницами Рижского и Ленинградского университетов, также писавшими о Гессе. Потом я довольно долго с ними переписывалась. Из Москвы приехали мы с Аверинцевым и еще кто-то третий, фамилии не помню. Юбилей проходил в одном из великолепных старинных зданий грузинской столицы, где снаружи и внутри стояли огромные вазы с букетами любимых цветов Гессе - ирисов. Аверинцев сделал самый интересный доклад о его творчестве, а я прочла отрывок из своего перевода повести Гессе "Кнульп" – предсмертный разговор Кнульпа с Богом. Все участники торжеств с чем-то выступили и что-то произнесли. Лучшие грузинские музыканты играли музыку любимых композиторов немецкого писателя. Грузия, как всегда, торжественно принимала своих гостей и "отцы города" возили нас на экскурсии по памятным местам, устроили пышный прием, пригласив всех участников юбилейной сессии и известных деятелей грузинской культуры.

Мне было очень приятно такое повсеместное увлечение творчеством Гессе, которого, как тогда многие говорили, я открыла для русского читателя. Увы, в октябре 2013 года, когда я переехала на постоянное жительство в США, мне сказали, что "Игра в бисер" заняла первое место среди книг, которые никто не в силах дочитать до конца. Правда, здесь вообще мало кто читает книги, разве что глубокие пенсионеры, остальные очень много работают и слишком устают. А, может статься, теперь повсюду наступила другая эпоха и моя "читающая Москва" давно уже стала далеким воспоминанием.

Оказавшись в самом крупном и главном в СССР издательстве, где печатались талантливые русские переводчики того времени, я впервые вошла в так называемые "литературные круги". Я стала переводить сама, хотя и понемногу, но систематически.

Сначала я продолжала посещать переводческие семинары при ССП[18], которыми руководили признанные "мастера художественного перевода", предъявлявшие к нам, начинающим, достаточно серьезные, но необходимые требования: соответствие с оригиналом, точность смысла и художественность формы. Я многому научилась у тогдашних замечательных пожилых переводчиков и переводчиц зарубежной прозы, особенно у последних, которых мы с моими сослуживицами и сверстницами в разговорах между собой называли "гослитовские старухи". Мы даже не заметили, как постепенно сами превратились в таких же опытных и придирчивых "гослитовских старух".

Мне, как и моим коллегам по редакции, очень помогала стать профессиональными переводчиками работа редактора, которую в издательстве доверяли лишь тому, кто был зачислен на должность "старшего редактора". Этой должности многие дожидались годами. Мне повезло, поскольку меня сразу взяли на должность "старшего", потому что я была "кандидатом наук". Именно "старшие редакторы" занимались в издательстве собственно редактурой: отбирали переводы, дотошно сравнивали одобренные переводы с иноязычным текстом оригинала, выискивали неточности, слабости и ошибки и предлагали свою правку, которая принималась, конечно, только с согласия автора перевода. Нередко мы подолгу рылись в словарях и горячо обсуждали значение какого-нибудь одного слова. Радовались, когда присутствующие в редакции опытные переводчики, желая нас похвалить, говорили: "в самое яблочко!"[17]. Все помнили афоризм французского философа XVI века Монтеня о художественном переводе: "Другими монетами, но на ту же сумму".

Моими "персональными" учителями в области перевода стали Н. Г. Касаткина (из "гослитовских старух") и мой близкий университетский друг Сережа Ошеров, с которым мы учились на классическом отделении филфака в 1948 -1950 и дружили до самой его безвременной кончины в 1983 году. Расскажу об обоих, так оба были незаурядными людьми своего поколения и корифеями "блестящей школы русского перевода".

---

[16] Союз советских писателей.
[17] См. Вильгельм Телль, легендарный народный герой Швейцарии, меткий стрелок из лука.

Наталья Григорьевна Касаткина (1902 -1986) переводила французскую и немецкую прозу, в том числе произведения таких классиков, как Мопассан, Ромен Роллан, Гейне, Лион Фейхтвангер и многих других. Мы близко познакомились и подружились с ней, когда я редактировала собрание сочинений Гете, а потом - Гейне. Ввиду ее пожилого возраста я, просмотрев текст, приезжала к ней домой и мы работали там вместе, а потом долго пили чай и разговаривали. Наталья Григорьевна по собственному желанию стала просматривать мои прозаические переводы, то есть взяла меня в свои ученицы. Она всегда что-то подчеркивала в тексте, ставила на полях знак вопроса, писала: "Это можно и нужно перевести изящнее!" или просто – «Переделать!!!» Сама она ничего не поправляла, не давала своих вариантов, она хотела, чтобы я всё поняла и обязательно переделала сама, а она бы только сказала, "годится" или "не годится". Иногда мы вместе очень долго подбирали нужное слово, рылись в словарях и бурно радовались, когда слово наконец находилось. Во время чаепития она всегда спрашивала меня: "Не слишком ли я к вам придираюсь?" Последний перевод Натальи Григорьевны для Гослита – книга "Le Grand" Генриха Гейне (3 том его "Собрания сочинений", 1982). Я помню, что, сдав работу точно в срок, она решительно сказала мне: "Это мой последний в жизни перевод, мне уже 78 и я поняла, что больше не могу и не имею права переводить".

Но когда, как редактор "Собрания сочинений" Гейне, я начала смотреть ее перевод, я сразу же поняла, что он сделан на достаточно высоком уровне и ничем не уступает ее прежним работам. Было впечатление, что Гейне вдруг заговорил по-русски. Меня сразу же пленило начало перевода - эпиграф к 1- ой главе: "Она была пленительна, и он был пленен ею; он же пленительным не был, и она им не пленилась. *Старая пьеса*".

Как я уже сказала, вторым моим учителем перевода был мой ровесник и друг Сережа Ошеров (1931 – 1983). Окончив классическое отделение и аспирантуру в МГУ, он стал выдающимся специалистом по античной литературе и великолепным переводчиком стихов и прозы с древнегреческого, латыни и новых языков (немецкого, итальянского, французского). Своими главными переводами Сережа считал "Энеиду" Вергилия", над которой работал 15 лет, "Сонеты" Петрарки, переводы из Гете: "Римские элегии", "Венецианские эпиграммы", романы "Годы странствий Вильгельма Мейстера", "Годы учения Вильгельма Мейстера" и, наконец, переводы Сенеки[20]: "Нравственные письма к Луцилию" и все драмы. Сережа писал блестящие собственные стихи, но никогда не пытался их опубликовать и мало кому читал. Наверное, я ему в этом невольно подражала. Знаю, что многие тогдашние поэты-переводчики "с пятой графой" сочиняли очень хорошие стихи, но даже не надеялись на их публикацию и писали преимущественно "в стол". Приведу здесь отрывок из стихов Сережи Ошерова, написанных за месяц до смерти, и пусть эти чеканные строки говорят сами за себя:

*В искусстве старших, в ремесле коллег
Я постигал нелегкое уменье,
Не искажая древние творенья,
Перенести их в наш нелегкий век.*

*Так становился я самим собой,
Ища язык эпох, столетий, стилей.
И вот Петрарка, Гете и Вергилий,
И Сенека – подарены судьбой.
Плоды моих бесчисленных вигилий[21],
Не прерванных пришедшею бедой[22].*

Сережа работал в издательстве "Художественная литература" с 1960 по 1971 год и завоевал там достаточно высокий авторитет. Именно по его рекомендации меня взяли туда на работу, тогда это было нелегко - это было престижное место и работать там было очень почетно и интересно. Одновременно Сережа придерживался мнения, что хороший редактор зарубежной литературы непременно должен быть хорошим переводчиком, и

---

[20] Сенека (4 век до н.э.) – римский философ-стоик, поэт и государственный деятель.
[21] Вигилии – ночные стражи, ночные бдения. (лат.).
[22] Пришедшая беда – это известие о неизлечимой болезни (раковая опухоль).

потратил немало усилий, чтобы сделать из меня, как он выражался, "мастера своего цеха". Он внимательно читал и обсуждал со мной каждый мой перевод, предварительно дотошно сверив его с оригиналом. В отличие от Касаткиной, Сережа предлагал мне по ходу дела множество своих вариантов, из которых я выбирала наиболее удачные. В 1971 году Сережа ушел из издательства, чтобы закончить и сдать свой перевод "Энеиды", и в 1972-ом его приняли в Союз писателей. Он сам говорил мне тогда, что "добился своей цели и научил тебя переводить", и я полюбила это дело, хотя всегда выбирала для перевода только то, что было мне достаточно интересно. Думаю, что Сережа гордился бы и радовался вместе со мной, прочитав, что написал в 1989 году "великий филолог", тогда уже член-корреспондент Академии Наук Сергей Сергеевич Аверинцев, рекомендуя меня в Союз писателей: "…ее переводы отличаются редким в наше время свойством, они хороши и просты, выразительны без ненужного форсирования, они сохраняют полную естественность в обращении со словом. Умение, которое выражает себя в простоте, труднее всего".

Мне остается только дополнить рассказ о своей семейной жизни, хотя непосредственно это почти не связано с моими стихами. В 1966 году я вышла замуж за Рувима Кантора (1920 – 2010), по специальности историка. Мы случайно встретились и познакомились с ним летом в Эстонии. Выпускник истфака ИФЛИ[23], он пошел воевать добровольцем в июле 1941-го и демобилизовался в 1946 году, пройдя много фронтов и путь от адъютанта, младшего лейтенанта, до капитана, а в самом конце, при демобилизации в 1946 году, ему даже присвоили чин майора. Дойдя до западной границы СССР, он был отправлен со своим полком - пешим ходом через Монголию - на войну с Японией. Его обожали однополчане, особенно немногие оставшиеся в живых солдаты его роты, с которыми он начинал воевать. Они приезжали к нам как-то в гости на праздник 9 мая и много рассказывали мне про моего мужа. На фронте Рувим потерял самых близких друзей своей юности, а в Западной Белоруссии, где он родился и жил до трех лет, осталось много его родственников, которых немцы в 1941 году сожгли заживо.

---

[23] ИФЛИ (до 1939 г. – МИФЛИ) - Институт философии, литературы и истории, знаменитый московский гуманитарный вуз, сформированный в 1931-ом и просуществовавший до дек. 1941-ого, когда его подразделения слились с факультетами МГУ. Здесь учились многие писатели, поэты и ученые того времени, в том числе "фронтовое" поколение поэтов 40-х гг. В 1941-ом все они ушли на войну, многие – добровольцами, и большинство погибло на фронте.

Мой друг по университету и по работе в издательстве Сергей Ошеров

Мои подруги по издательству Наташа Дынник и Эрна Шахова (английская, американская и скандинавские литературы) в Лондоне. Нас троих называли "неразлучная тройка".

Мой муж Рувим Кантор, фронт, 1942

Я и Рувим

Рувим был старше меня на одиннадцать лет, и принадлежал к поколению той легендарной эпохи, которую, с легкой руки его ровесника, поэта Давида Самойлова, мы называли "Сороковые, роковые...". Приведу здесь конечную строфу стихотворения Самойлова "Сороковые":

Сороковые, роковые,
Свинцовые, пороховые...
Война гуляет по России,
А мы такие молодые!

Рувим очень любил послевоенные стихи Самойлова, говоря: "Это о моих одноклассниках, которые не вернулись, и о тех немногих, которые вернулись". После демобилизации Рувим работал учителем истории в школе, потом завучем и директором школы, позже журналистом и одновременно заместителем директора московского Института усовершенствования учителей. При этом он закончил заочную аспирантуру и написал диссертацию об истории рабочего движения в США, но защищать ее не захотел, потому что ему не нравилась навязанная ему тема. В 1968 году он поступил на свою "настоящую" работу в журнал "Вопросы истории", где был редактором и членом редколлегии и где неоднократно публиковались его рецензии и статьи. Рувиму было интересно там работать, его любили и ценили сослуживцы, некоторые из которых стали его близкими друзьями. Он продолжал там работать до 87 лет. В январе 2010 года мы торжественно справили его 90-летие, к нам в гости во главе с главным редактором пришли все сотрудники его журнала. В июне того же года он неожиданно упал и скоропостижно умер легкой безболезненной смертью.

У нас был удачный брак, мы жили ним, как в сказке, "долго и счастливо", хотя к моему великому сожалению не "умерли в один день". Мы прожили вместе в любви и согласии 44 года. Он был дружен с моими родителями и сделал всё, чтобы заменить отца моей единственной дочери и деда двум моим внукам. Думаю, что это ему в большой

Рувим с моим старшим внуком Юрочкой

Рувим

степени удалось. Но, вероятно, более полное представление об этом человеке и о том, как воспринимали его близкие, даст отрывок из посвященных ему стихов, написанных его младшим двоюродным братом Борисом Кантором и подаренных ему в день его 65-летия, то есть 19 января 1985 года. Тогда, в отличие от теперешнего времени, очень многие писали стихи - для себя, для друзей и родственников. Мне кажется, что эти строки интересны как живое свидетельство о том, как думали и писали люди тех далеких, почти всеми забытых лет "моего" XX века:

> ... Мчалась "птица тройка" истории
> Над нашей землею родной.
> Промелькнули 30-е годы,
> В числе их тридцать седьмой.
>
> Для тебя эти годы мужания
> Не зря, конечно, прошли.
> Кончил ты среднюю школу
> И "вуз вузов" – ИФЛИ.
>
> А в суровые годы военные
> Встал ты вместе с твоею страной
> И с фашистами – гадами подлыми
> Вел последний решительный бой.
>
> Годы шли, худые и толстые,
> Бег течений в науке бурлил.
> Из историй любых, как историк,
> Ты стоически выходил...

Потеряв мужа в 2010 году, я начала болеть и почувствовала себя старой и одинокой, особенно после отъезда моей дочери и внуков в США. В 2000 году, успешно сдав в Москве экзамены, мой старший внук Юра Веденяпин уехал учиться в Гарвардский университет (Бостон). После окончания Гарварда и двух лет в аспирантуре Колумбийского университета (Нью-Йорк), он вернулся в Гарвард в качестве преподавателя. В 2008 году, после развала своего первого брака, в США переехала его мать и моя единственная дочь Маша, а в 2009 году, не окончив последний курс института журналистики в Москве, туда же уехал мой младший внук Боря. Маша и ее младший сын нашли работу и поселились в Майами – очень красивом курортном городе на юге США.

В 2013 году по приглашению дочери в Майами приехала и я. Это было еще до крымских и украинских событий. Такая резкая перемена в жизни далась мне нелегко, но об этом надо писать отдельную книгу. Здесь очень красиво, особенно изумительно здесь небо. Чувствую я себя хорошо, болеть перестала, моя дочь героически обо мне заботится, несмотря на то, что ей приходится очень много работать и она сильно устает. Но каждую ночь мне все равно снится Москва, по которой я отчаянно скучаю. Меня очень тревожит судьба России, и я все еще ежедневно слушаю новости, звоню в Москву по телефону, беспокоюсь о тех, кто у меня там остался. Но близких людей у меня осталось совсем немного, в подавляющем большинстве все умерли. Дочь привезла мне в контейнере из Москвы немалое количество моих старых записных книжек, и я нашла в них много прочно забытых мною стихов. Из этих стихов я собираю эту книгу и одновременно вспоминаю свою долгую жизнь, вернее рассказываю о себе то, что каким-то образом проясняет образ автора этих стихов и их содержание.

На этом кончаю, считаю, что самое главное о себе я сказала, а воспоминаниям можно предаваться бесконечно.

Елена Маркович

Майами, США, 30 июня 2015 г.

СТИХОТВОРЕНИЯ

I

ДЕТСКИЕ СТИХИ

1939 – 1940

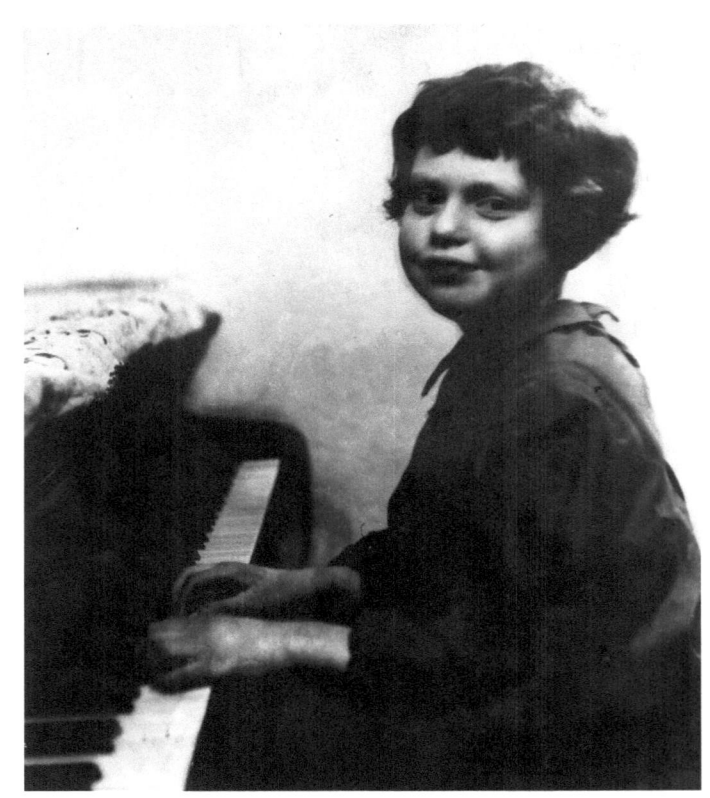

1938 год

ДЕВОЧКА С КОТЕНКОМ

Над крылечком солнечным щебетали птички
Голоском пронзительным и тонким.
Маленькая девочка с толстою косичкой
Прижимала рыжего котенка.

И ему рассказывала сказки,
Страшные, веселые, любые.
У котенка голубые глазки,
А у девочки серо-голубые.

Рядом шла дорога далеко-далече,
Говорят, до самого пруда.
Вот бы им с котенком рюкзачки на плечи
И пойти неведомо куда.

Только девочка еще мала,
Ей ходить без взрослых не велели.
Мать сказала строго, как могла,
Чтобы на крыльце они сидели.

Ну а девочку тянуло вдаль
И себя с котенком было жаль.
Правда, котик никуда не рвался
И уйти из дома не старался.

Девочка задумалась немного:
«Подождет меня моя дорога.
Будет время, я по ней пойду
И махну подросшему коту».

А с небес сияло солнце мая.
Птички пели весело и звонко.
И немало взрослых, пробегая,
Улыбались девочке с котенком.

27 мая 1939

БОЛЬШАЯ ПРЫГАЛКА

Раздаются тугие удары,
Пыль взметается над дорогой.
Прыгает посреди тротуара
Девочка в туфлях на босу ногу.

Мелькает веревка под ветром горячим,
Она за веревкой взлетает легко.
«Девчонки, девчонки! Крутите почаще!
Я словно лечу высоко, высоко!»

С лица отлетают тревоги, заботы,
К огромному небу несет ее что-то,
Не видя, не слыша, летит она ввысь.
Девчонки стараются, крутят до пота,
Мелькает веревка вверх и вниз.

Какой-то прохожий, сердитый и строгий,
Задел веревку плечом неловко,
И девочка молча стоит на дороге,
И перестала прыгать веревка.

«Ах, где я была? Ах, что я видала?
Нет, не вспомнить, не передать!»
Потом она тоже кого-то сменяла,
И вновь начинала веревка мелькать.

И вот уж другая под солнцем горячим,
Счастливо забывшись, взлетает легко.
«Ах, как хорошо! Пожалуйста, чаще!
Я тоже лечу высоко-высоко!»

Счастливые девочки. Как они ловки!
Мне тоже хотелось бы так полетать.
Но я не сумею без их тренировки,
Мне лучше в сторонке смотреть и мечтать.

Май, 1940 год

II

ШКОЛЬНЫЕ СТИХИ

1945 – 1948

С подругами, 8-й класс школы

ПОЛНОЧЬ

Полночь. Ветер за окнами бродит.
Тихо. Нету вечерней возни.
Наблюдаю, как в доме напротив
Исчезают в окошках огни.

Я листаю страницы урока.
Только три не погасли огня.
С ними я не совсем одинока.
Там товарищи есть у меня.

Ночь-злодейка, резервы подкинув,
В двух окошках похитила свет.
И один лишь меня не покинул,
Мне сквозь тьму посылая привет.

Ночь вела с ним жестокую драку,
Только мой огонек не погас.
И смотрел из-за ночи и мрака
На меня ободряющий глаз.

Где он, мой огонек-недотрога?
Где он, мой человек на пути?
Не старайся! Сегодня их много!
Всё равно не сумеешь найти.

Но кончая свой труд напряженный,
Зазубрив непосильный урок.
Я оставила лампу зажжённой,
Чтобы не был он так одинок.

9 апреля 1944

ОТКРЫТЫЙ УРОК[24]

Смотрит солнце нам прямо в класс.
Слепит солнце нас злей и злей.
Наш урок - открытый для нас
И для наших учителей.

А потом еще будет контрольная.
Чей-то шепот: «Ну, дай списать!»
Затянулась страда наша школьная,
Скоро некого будет спасать.

А контрольная – это серьезно.
Ну, когда же лето придет!
И когда наш директор грозный
С нами снова пойдет в поход?

2 июня 1943

---

[24] Урок, на котором присутствуют чужие (не наши) учителя, проверяющие работу учителя, а иногда даже директор школы.

В ГОСПИТАЛЕ ДЛЯ РАНЕНЫХ

Над окошком солнце всходит понемногу.
Распевают птички, что-то крикнул грач.
Над одной из коек спящего больного
Тихо наклонились медсестра и врач.

Бомбы и снаряды, мины и гранаты,
Пули из-под Кёльна, с берегов Невы
Побывали в теле русского солдата,
Здесь видны ожоги, ссадины и швы.

А потом в Берлине, смяв врагов лавину,
Выполнив заданье, данное ему,
В штаб врагов ворвавшись, налетел на мину,
И глаза Андрея погрузились в тьму.

Принимал он месяц горькие микстуры,
А во сне с врагами снова дрался он.
И когда лежал он под ножом хирурга,
Не услышал доктор ни единый стон.

А когда Андрею ордена прислали,
А когда сказали, что пора домой,
Парень вдруг заплакал и увидел доктор,
Что умеет плакать молодой герой.

4 мая 1945

МОСКВА ВСТРЕЧАЕТ СОЛДАТ, ВЕРНУВШИХСЯ С ФРОНТА

Как будто волны плещутся о вал,
Бурлит толпа. Сияют счастьем лица.
Уходит в небо Киевский вокзал.
Своих сынов встречает здесь столица.

В июньскую густую синеву
Ныряют звезды всех кремлевских башен.
И летний день, окутавший Москву,
Мне кажется особенно прекрасен.

Манит бульваров свежая трава,
В московских парках распевают птички.
В твои вокзалы, гордая Москва,
Торжественно въезжают электрички.

2 июня 1945

НА МОГИЛЕ ДЕНИСА ДАВЫДОВА

Недалеко от нашего нового дома на Бережковской набережной, в который мы переселились вскоре после войны, на другом берегу Москвы-реки находился женский Новодевичий монастырь, знаменитый "памятник архитектуры". Я часто ходила туда пешком, пересекая Москву-реку по старому мосту бывшей "окружной" железной дороги. Монастырь был основан в 1524 году в тогдашнем пригороде Москвы на Девичьем поле. Большая часть его зданий относится ко 2-ой половине XVII века и является прекрасным образцом стиля "московское барокко". В соборе монастыря, похоронены представители царских и княжеских родов, в том числе сосланная сюда старшая сестра Петра I - княгиня Софья Алексеевна. В 1922 году Новодевичий монастырь был закрыт, а с 1934 года он стал филиалом Государственного исторического музея. Позднее замечательный Успенский собор монастыря был возвращен церкви.

Мне нравился вековой холод собора, и я любила бродить по монастырской территории, где было много зелени и интересных могильных памятников. Здесь находились могилы отцов церкви и видных представителей русской культуры: писателей (следует упомянуть А. П.Чехова), философов, полководцев и других людей, знаменитых в истории России. Мое внимание привлекла впечатляющая могила Дениса Давыдова, возможно, потому, что совсем недавно кончилась победоносная Отечественная война (1941-1945) и ее часто сравнивали с войной 1812 года, героем которой был Денис Давыдов. Это имя мне было хорошо знакомо хотя бы потому, что не так давно я прочла роман "Войну и мир" Толстого, где автор вывел Давыдова в качестве персонажа. Мне импонировало также то, что этот «лихой гусар» и воин был одновременно талантливым поэтом.

Денис Давыдов (1784-1839) завоевал всеобщую известность во время Отечественной войны 1812 года, особенно в период отступления из России французского наполеоновского войска. Он буквально "проводил" французов до самой границы. Будучи командиром войсковой партизанской части, именно он положил начало так называемой "народной войне". Денис Давыдов написал много стихов, главным образом патриотического содержания, овеянных громкой романтической славой. Он близко дружил с Пушкиным, Вяземским и другими знаменитыми поэтами его времени, воспевавшими его как «поэта-партизана». Далее следуют мои стихи, посвящённые Денису Давыдову.

Вокруг играет жизнь, грохочет гром!
С моей руки стрекозка соскочила.
А рядом с этим жизни торжеством
Среди травы чернеется могила.

Над нею сосны шелестят сурово,
На чёрный мрамор льётся солнца свет.
Нет фраз на ней, всего четыре слова:
"Денис Давыдов – командир - поэт".

Хоть это имя многим неизвестно,
Народ героя память сохранил.
Он стал примером доблести и чести,
Мы знаем, кто Денис Давыдов был.

Он был гусар, рубака, весельчак,
Любил он жизнь, любил края родные.
В тяжёлый, трудный для России час,
Свою любовь он доказал России.

Суворовым благословлённый в детстве,
Из рук Кутузова награды получал.
Страдал от зрелища народных бедствий,
Писал стихи, о будущем мечтал.

Он самым первым дух народа понял
И пробудил народную войну.
Он ото сна сынов России поднял,
Своим примером заразив страну.

И в эти годы, что теперь промчались,
Во вновь тяжелый для отчизны час,
Мы много раз Дениса вспоминали
И знали: первым был бы он сейчас.

И у его могилы школьник, воин,
Студент, кузнец, ученый молодой –
Все говорили: «Был бы он достоин
Пожить сейчас. Вот это был герой!»

И партизан-старик, смяв шапку комом,
Перед крестом, задумавшись, стоял.
«Денис Давыдов? Этот мне знакомый.
Он тоже был ведь партизан, как я».

И юноша, присевши у могилы,
Мечтал о том, что много лет назад,
Быть может, здесь стоял он, полный силы,
Горел огнем и молодостью взгляд.

Он здесь стоял, любуясь летним видом,
Вокруг него струился солнца свет.
Он здесь стоял – герой Денис Давыдов,
Денис Давыдов – командир, поэт.

19 сентября 1945

СЛОВО О ПОЛКУ ИГОРЕВЕ[25]
(вольное стихотворное переложения начала «Слова о полку Игореве», 8-ой класс средней школы)

*Не лѣпо ли ны бяшет, братие, начати старыми словесы
трудных повѣстий о полку Игоревѣ, Игоря Святославлича!..*
"Слово о полку Игореве"

Не так, как говорят в народе,
Я рассказать вам быль берусь,
О князя Игоря походе,
О смутах, раздиравших Русь.

Нет, то не слог Баяна[26] дивный,
Чья песнь, как лёт орла, текла.
В словах старинных и правдивых
Я расскажу князей дела.

Как десять соколов на стаю
Прекрасных лебедей летят,
Баян на струны возлагает персты,
И струны говорят.

Баян наш вещий, растекаясь
По древу мыслию, парит.

---

[25] Самый известный памятник древнерусской литературы Киевской Руси, найденный в 1780 году историком и археологом графом Мусиным-Пушкиным. Первое печатное известие о «Слове…» появилось в 1797 году в Гамбурге, а первое издание текста (без указания имен лиц, его осуществивших) датировано 1800 годом. Единственный список «Слова…» погиб в огне московского пожара в 1812 году. (О дальнейшем сюжете «Слова…», об истории его открытия, а также о его поэтических достоинствах см. энциклопедию). Эпиграфом является начало древнерусского оригинала «Слова…».

[26] Древнерусский певец и сказитель, персонаж «Слова о полку Игореве».

Орлом под облаки летает,
По земле серым волком мчит.

Князь Игорь видит пред походом:
Всё скрылось тьмою от него.
Стена, покрытая народом,
Дружина храбрая его.

И в сердце князя что-то ноет,
И князь сомнением томим,
Что нечто страшное и злое
Сказать хотели боги им.

"Но Дон в руках врага лихого!" -
Вдруг вспомнил князь, и в тот же миг
И бодр, и весел Игорь снова,
Спокоен снова князя лик.

Уж князя Всеволода латы
Видны из города отцов[27].
И Игорь обнимает брата,
Приветствует его бойцов.

"Дружинники, на землю дедов
Я вас сегодня в бой веду.
И твердо верю, что победу
Я с вами, русичи[28], найду".

---

[27] Имеется в виду Киев – столица древнерусского государства Киевская Русь.
[28] В старину так назывались жители русских земель, вариант древнерусского слова «русины».

Воскресли вновь мечты и планы.
К своей дружине обратясь,
Сказал: "Чем быть рабом поганым,
Так лучше смертью храбрых пасть.

Я шлемом воду пить из Дона
Иль голову сложить готов".
Одною мыслью полоненный,
Забыл он знаменье богов.

И думает, следя за сбором,
Забыв, что половцев не счесть,
О славе, о победе скорой,
О том, как в Киев вышлет весть.

"Мой светлый Игорь, брат родимый,
Седлай коней скорее ты!
Готовься в бой! Мои дружины
У Курска заняли посты.

Мой воин храбр и полон мести,
Он с детства к бою приучен.
В бою себе он ищет чести,
А князю славы ищет он.

И по любым тропинкам редким
Найдет дорогу мой отряд.
Всегда полеты стрел их метки
Остра их сабля, верен взгляд".

Вот Игорь князь вступает в стремя,
И полк проходит за полком.
Уже темно. Ночное время,
Но неспокойно всё кругом.

Звериный рев, погода злая.
Он видит впереди лишь тьму.
Перебудивши птичьи стаи,
Грозою стонет ночь ему.

И Див, огромный, безобразный,
Кого-то кличет на пеньке.
Велит послушать странам разным:
Поморью, Волге и Оке.

Орлы кричат. Лисицы лают.
На русских красные щиты.
О, русская земля родная,
Уж за курганом скрылась ты!

А половцы идут. Быть бою.
Всё ближе к Дону их отряд.
Телеги их ночной порою,
Как лебедь вспугнутый, скрипят.

Конец приходит ночи длинной.
Туман в поля спускаться стал.
И вместо песни соловьиной
Уж говор галок зазвучал.

23 июля 1945

НОВОГОДНЕЕ

Мороз донимал поцелуями колкими.
От холода зуб не находит на зуб.
Прохожие с елками или за елками,
Машины огромные елки везут.

Валяются елки на площади снежной,
Покровом зеленым иголки легли.
"Видали, как елку зажгли на Манежной?" –
"Так что же, на Пушкинской тоже зажгли".

Недаром трудились рабочие долго,
Как чудная сказка сверкает она.
И Пушкин взглянул на нарядную елку,
А что он подумал, никто не узнал.

Горящими звёздами, взглядами колкими
Покрыта темнеющая синева.
А люди проходят с картонками, свертками,
Клокочет предпраздничная Москва.

Кого-то встречают, к чему-то готовятся,
А город горит океаном огней.
И с черными мыслями стыдно становится,
Неловко и стыдно становится мне.

И вот заражаюсь безумием снова я,
На что-то надеясь и веря во всё.
А, может быть, вправду чего-нибудь нового
Мне этот таинственный год принесет.

25 декабря 1945

С ТОБОЙ ПОСТУПИЛИ ЖЕСТОКО

С тобой поступили жестоко,
Задели больнее всего.
И все ожидали упрека,
А ты не сказала его.

Обидно и горестно было,
Но ты промолчала, ушла.
А люди сказали: «Забыла!»
А люди решили: «Снесла!»

И дней пролетело немало,
Невидимо месяц прошел.
И вот, как ни в чем не бывало,
Обидчик к тебе подошел.

Обиду скрывая глубоко,
Ты слушала просьбу его.
И все ожидали упрека,
Но ты не сказала его.

26 декабря 1945

ДЕНЬ ТОСКЛИВЫЙ...

День тоскливый, матовый, ненужный.
Полон ветер пыли дождевой.
Напрямик, разбрызгивая лужи,
Мчится грузовик по мостовой.

И на сером небе не заметен
Серый дым, начавший улетать.
И невольно думаешь о лете,
И невольно хочется мечтать.

Февраль 1946

НА УРОКЕ ЕСТЕСТВОЗНАНИЯ[29]

Закат, разгоравшийся ранее,
Затянулся серыми тенями.
Тянется естествознание,
До звонка полчаса, не менее.

Дарвин смотрит, немного прищурившись,
На потомков с портрета вниз.
Кто мечтает о чем-то, ссутулившись,
Кто болтает. Идет дарвинизм!

Пересказ задания нового
Всё вокруг умирающим делает:
Как Лысенко[30] сажал бобовые,
Позднеспелые, раннеспелые.

Вслед за тёмным, чёрным востоком
Розоватый запад угас,
И сплошным тяжёлым потоком
Заливают сумерки класс.

5 марта 1946

---

[29] Читать тем, кто помнит, кто такой Чарльз Дарвин (1809 - 1882) и что такое дарвинизм (8 класс ср. школы, 1946 год).
[30] См. Лысенко и Лысенковщина. История советской науки (1917 – 1991).

УЧЕБНЫЙ ГОД (отрывок)

За окошками небо угрюмое,
А вокруг нестихающий класс.
Я сейчас себе радость придумаю,
Я счастливою буду сейчас.

Меж уроками, меж контрольными
Проходил наш учебный год.
Разграничен звонками школьными,
Он то полз, то летел вперёд…

15/III - 1946

В ПАРКЕ

Там, где ветви раскидистых лип
                    заплетаются в арки.
Там, где падают жёлтые листья
                    на землю, кружась.
Мы бродили с тобой по дорожкам
                    осеннего парка,
Ничего не боясь, забираясь галошами
                    в самую грязь.

Осень, 1946

В МЕТРО

И толпа на лестницу врывалась,
Стоголосый рёв звучал вокруг.
Может быть, мне только показалось,
Что твоё лицо мелькнуло вдруг...

13 октября, 1946

НЕПОНЯТНАЯ ССОРА

Небо быстро заполнилось тучами,
Скрылось солнце, что жгло горячо.
И глаза ее стали колючими,
Гордо дернулось кверху плечо.

Поигравши на куполе башенном,
Луч последний скользнул и погас.
Ты стоял предо мной ошарашенный
Под огнем моих взбешенных глаз.

А потом, повернувшись уверенно,
Я ушла в набежавшую тьму.
Ты обидел меня ненамеренно.
Чем? Никак до сих пор не пойму.

Лето, 1946

ВЕСНА

Солнце сверкает из окон,
Солнце смеётся из луж.
Кажется страшно далёким
Время метелей и стуж.

Весною не веришь в ненастья,
Под солнцем не веришь во тьму.
И грудь распирает от счастья,
Смеёшься, не зная чему.

Капель затекает за ворот,
Свисая, поют провода.
Но выйди весною за город,
Весну ты поймешь лишь тогда.

О ней не напишешь правдиво
И в сотнях огромных томов.
О небе далёком и дивном,
Свободном от плена домов.

О водах, что рвутся на волю,
Проснувшись от зимнего сна.
Да, только за городом, в поле,
Почувствуешь: это весна.

Пред этим природы размахом,
Сметающим всё на пути,
Весна городская со страхом
Подальше спешит отойти.

Март, 1947 год

ПЕРЕД УРОКОМ ИСТОРИИ[31]

Отвечай же: чёт иль нечет?
Я засыплюсь иль отвечу?
Я гадаю целый вечер:
Спросят нынче или нет?
В голове всё даты, даты,
То в порядке, как солдаты,
То рассыпались куда-то.
Спросят? Дай же мне ответ!

Бонапарт, Барклай, Кутузов,
Шведы, русские, французы.
И тяжелою обузой
Все засели в голове.
Говори же: чёт иль нечет?
Я засыплюсь иль отвечу?
Я гадаю целый вечер.
Дай ответ! Скорей ответ!

12 апреля, 1947

---

[31] Читать тому, кто любит и помнит историю. См. Ключевский "Курс русской истории".

МЫ СТАРАЛИСЬ С ТОБОЮ БОЛЬШИМИ КАЗАТЬСЯ

Мы старались с тобою большими казаться,
Наши детские мысли и чувства скрывая.
Мы забыли с тобою про наши пятнадцать,
Нам казалось, мы всё понимаем и знаем.

Помнишь нас, позабывших про всё, увлеченных,
А потом мы за это друг друга корили.
Говорили себе: «Размечтались девчонки!»,
Будто мы не девчонки, а взрослые были.

Помнишь летом, как к нам одноклассники наши,
Приходили мальчишки, шумели, галдели.
Мы ж хотели с тобой кавалеров постарше,
Ну а те, кто постарше, на нас не глядели.

Мы, как взрослые люди, с тобой толковали
О разбитых сердцах и разбитых надеждах.
Только молодость, бодрость сквозь всё прорывались,
Появляясь пред нами в различных одеждах.

И однажды, бродя в освещении лунном,
Мы вдруг поняли истину, ключ ко всему.
Осознали, что нечего гнать нашу юность,
Что уйдет и сама, не сказав никому.

Осознали, что время стоять не захочет.
Пробегут, пролетят, пронесутся года.
Может, будем мы в славе и будем в почете,
Только юности нам не вернуть никогда.

Той поры, когда нас не пугала и вьюга,
Мы на вечер идём сквозь метели и тьму.
Той поры, когда вдруг, поглядев друг на друга,
Мы смеемся, смеемся, не зная чему.

Или вдруг захотим, чтоб жилось еще лучше
Всем на свете. С волненьем звучат голоса.
Или вдруг, хоть и физику с химией учим,
Мы поверим, что есть на земле чудеса.

Июль 1947

ВЕТЕР

Пушистый снег засыпал город сонный,
Покровом ровным лег на пьедестал.
Но ветер – он порядка враг исконный,
Его разнёс, рассыпал, разметал.

Я часто думаю: какой он – ветер?
И вот однажды он явился мне.
Никто мне не поверит в целом свете,
Но он явился вправду, не во сне.

Людей сшибало с ног, ладони стыли,
Метель вокруг, не видно ничего,
А он летал в плаще из снежной пыли,
И пóлы развевалися его.

С протяжным свистом разрезал он воздух,
Могучий дух, не знающий узды.
Его глаза сверкали, будто звёзды,
Из-под бровей, нависших и седых.

Всё, что меня так долго донимало,
Вдруг просто так решилось на ветру.
Я глупостей наделала немало,
Но всё исправлю завтра поутру.

20 декабря, 1947

ЧАСОВЫЕ НИЗКО ГИРИ...

Часовые низко гири.
          Тишина.
В тихом мире, в спящем мире
          Я одна.

Через стены, через двери,
          Не слышны,
Как таинственные звери,
          Бродят сны.

И приникнув к изголовью,
          Покорят.
Сказки чудные с любовью
          Говорят.

В этих сказках-небылицах
          Жить легко.
И покой разлит на лицах
          Глубоко.

И вольнее дышат груди
          Среди сна.
Спят в огромном мире люди,
          Я одна.

26 декабря, 1947

ПУСТО

Пусто. Не видны на улице
                                  фигуры.
Тихо. Не услышишь ветра
                                  переливы.
День сегодня не веселый и
                                  не хмурый,
А какой-то равнодушный
                                  и тоскливый.

Пусто. Ни врага, ни друга
                                  в окруженье.
Тихо. Не слыхать ни брани,
                                  ни участья.
Мир пустой и равнодушный,
                                  без движенья.
Не найти ни горя и ни счастья.

Да, пора понять: иного в мире мало,
                                  Кроме бесполезной суеты.
Вороньё над кучей снега талой
                                  Разрывает на клочки мои мечты.

29 января 1948

СУМЕРКИ

Улицы тяжелым комом сумерки
Заливают. Видно из окна.
Все сидят вокруг, как будто умерли.
Говорят вокруг, а тишина.

Громадные и сумрачные здания
По улице повыстроились в ряд.
Неясны тени, бледны очертания
При слабом освещенье фонаря.

6 февраля 1948

ЛАЗУРНОЕ ЦАРСТВО[32]

Лазурное царство! Ты светом
И смехом запомнилось мне.
Я видел когда-то всё это.
Я видел всё это… во сне.

Вперед лебединою грудью
Высокий наш парус стоял.
На лодке вокруг меня люди
Смеялись и пели, как я.

Нас юность и счастье любили,
Веселье сбегало волной.
Не знаю я, кто они были,
Те люди на лодке со мной.

---

[32] Навеяно названием одного из «стихотворений в прозе» И. С. Тургенева – «Лазурное царство» (1878).

Вдруг смех раздавался наш звонкий,
До дальних летел берегов.
Невинный, как смех у ребенка,
Всесильный, как смех у богов.

Иль, дивной исполненный силы,
Вдруг стих у кого-то слетал.
И небо ответ приносило,
Вокруг океан трепетал.

Восторг проносился короткий,
И вновь тишина, тишина.
Летела вперед наша лодка,
Ныряя по быстрым волнам.

И теплой, и сдержанной лаской
Журчали нам волны вокруг.
И остров волшебною сказкой
Пред нами раскинулся вдруг.

Кружилися птицы над нами,
Чуть слышался шелест листов.
И нас осыпало цветами,
Потоком душистых цветов.

Лазурное царство! Ты светом
И смехом запомнилось мне.
Я видел когда-то всё это,
Я видел когда-то… во сне.

Апрель 1948

РАЗГОВОР С ВЕТРОМ

Как обычно, направляюсь к дому,
Лёгкий снег касается лица.
Я иду по улице знакомой,
Можно думать, думать без конца.

Много есть загадочных вопросов,
Многого на свете не пойму.
Почему сейчас легко и просто,
А вчера так сложно было? Почему?

Был такой же вечер. Лишь несчастья
Чудились на этом же пути.
Ни любви, ни дружбы, ни участья
В этом скучном мире не найти.

И в ответ отчётливо и громко
Ветер подтвердил мои слова:
«Верно, дорогая незнакомка!
К сожаленью, верно. Ты права».

И холодным, мокрым снегом сразу
Он замёл, занёс мои мечты.
Равнодушно месяц одноглазый
Наблюдал всё это с высоты.

А сегодня что за славный холод
Встретился с пылающим лицом.
Очень добрый, ласковый, веселый,
Смотрит месяц сверху молодцом.

Я вчера ошиблась в нём, наверно.
Он смотрел, жалея и любя.
"Ты прости меня. мне было скверно.
Ни за что обидела тебя".

Ветер с изумлением заметил
Вдруг меня сияющей такой.
Я сказала: "Мы ошиблись, ветер!
Мир совсем не скучный, не плохой.

Вся беда страшна только отчасти.
Мы не понимали ничего.
В этом мире очень много счастья,
Только нужно отыскать его.

Славно сквозь сугробы пробираться.
Снег стеной – пробьешься! Не беда!
За спиной легко – всего шестнадцать.
Впереди – года, года, года.

И ненужно тратить столько вздохов,
И ненужно размышлять в слезах.
Кто докажет мне, что будет плохо?
Ведь никто не может доказать".

16 апреля 1948

В БОЛЬНИЦЕ

1

Что случилось с солнцем,
                         зимним, скуповатым,
Щедро и бессчётно
                         не бросающим лучей?
Как весною, ворвалось
                         оно в палату,
Рассмешив больных
                         и напугав врачей.

Сразу стало в комнате,
                         где теперь лежим мы,
Весело, тепло и по-весеннему
                         светло.
Солнце, не боясь больничного
                         режима,
Всё это в угрюмую палату
                         принесло.

Захотелось свистнуть, громко
                         рассмеяться,
Крикнуть, чтобы сразу разорвалась
                         тишина:
"Не боюсь теперь я ваших
                         операций!
Убегу туда, где солнце и
                         весна!"

22 апреля 1948

2

Уж не помню, какую примету,
Увидав, мне сказали вдруг:
«В этот миг, наверное, где-то
О тебе вспоминает друг».

И из темной больничной палаты
На волшебных крыльях мечты
Унеслась я в это куда-то
И решила, что это ты.

И смотрели сквозь призму ночи
Теплым взглядом твои глаза.
Я ошиблась или не очень?
Кто мне правду может сказать?

Нет, я верю! Ты слышишь: я верю:
Ты сидишь за столом у огня,
В тихой комнате с запертой дверью
Ты сидишь, вспоминая меня.

26 апреля 1948

МОКРАЯ ВЕСНА

С каждым часом на улице хуже
И нигде никуда не пройти.
Всюду лужи, и лужи, и лужи
Без разбора встают на пути.

То сугробов нестаявших свалка,
То ручей мутноватый бурлит.
Город смотрит беспомощно, жалко
И в грязи по колено стоит.

Кружат женщины хмуро и чинно
В лабиринте меж лужиц и луж.
И по лужам шагают мужчины,
И весну проклинают к тому ж.

И бредут, и по лужам петляют,
И бутылка у них "на троих".
Говорят, что весна окрыляет.
Неужели весна не для них?

Серо, хмуро, как в тёмном колодце,
Где внизу лишь вода да вода.
А весна только тихо смеется,
Ведь она прибежала сюда.

И еще ничего не случилось,
Только всё изменилось вокруг.
Только лица без всякой причины
Озарились улыбкою вдруг.

Только стало светло и свободно,
Все увидели город ясней.
Он ведь смотрит в прозрачную воду,
Он и сам умывается в ней.

Все увидели вдруг, что на кочке,
Где торчат над сугробом кусты,
Распускаются толстые почки
И сквозят молодые листы.

И что сбудутся наши надежды,
И за это мы выпьем до дна.
И что в мире, как прежде, как прежде,
Наконец наступила весна.

5 мая 1948

ДЕВУШКА МОЕЙ МЕЧТЫ[33]

Есть страна, лишь мне известная,
Путь в неё не знаешь ты.
Там живёт она, чудесная
Девушка моей мечты.

Много раз, бывало, ясно я
Различал ее черты,
Любящие и прекрасные,
Девушки моей мечты.

Я бросался к ней, но люди вокруг,
Сумрачны, жестоки, пусты,
От меня ее заслоняли вдруг,
Девушку моей мечты.

Люди закрывали дороги к ней,
Портили и жгли мосты.
Я всё реже, реже вспоминал о ней,
Девушке моей мечты.

Но гулял я как-то по парку раз,
Ветер колыхал листы.
Увидал сквозь них я сиянье глаз
Девушки моей мечты.

---

[33] Имеется в виду немецкий музыкальный фильм 40-х г.г. XX века "Девушка моей мечты" ("Die Frau meiner Träume", нем.). Когда-то давно на первом курсе университета, кажется, в 1948 году, я смотрела этот немецкий "трофейный" фильм. К сожалению, я помню только название и музыку этого фильма и тот факт, что там играла и пела какую-то песню знаменитая тогда актриса Марика Рёкк, она же "Примадонна Рейха".

Или от обиды горяча голова,
Но вдруг мгновенно мой гнев простыл.
Я слышал ободряющие слова
Девушки моей мечты.

И с тех пор я слышу, как она зовёт.
Я пройду преграды, посты.
Я найду страну, где она живёт,
Девушка моей мечты.

20 октября 1948

СКАЗКА О КУРОЧКЕ РЯБЕ

ПРЕКРАСНОЕ ЯЙЦО (1)
(как бы написал Блок)

У убогой открытой клетушки
Зимний ветер кидался в лицо.
Неподвижна и сонна старушка,
Увидав золотое яйцо.

В этот вечер, глухой и чудесный,
Тихо люди сбиралися тут.
Увидать этот сон неизвестный,
Увидать золотую мечту.

А вокруг средь бездонной лазури,
В легких сумерках близкой весны,
Где-то плакали зимние бури,
Где-то реяли звездные сны.

И Она была где-то рядом,
Чуть послышался скрип дверей.
Озарило сияющим взглядом.
Не Она, только сон о ней.

Все стояли вокруг неподвижно.
Вдруг исчезло яйцо без следа.
Золотая, как взгляд Непостижной,
Наверху загорелась звезда.

Неподвижны старик и старушка.
Свет восхода сомкнулся кольцом.
И у курицы в жалкой клетушке
Озарилось простое яйцо.

И лежало и просто, и прочно,
И мечту не звало на лице.
Только часто все в час полуночный
О другом вспоминали яйце.

Вспоминали тот вечер тревожный,
Вспоминали тот сон золотой.
*"Невозможное было возможным,
А возможное было мечтой".*

ЗОЛОТОЕ ЯЙЦО (2)
(как бы басня Крылова)

У старика седого и старушки,
Клохтаньем оживляя их избушку,
Рябая курица уж много лет жила.
Хозяева ее любили,
Зерном отборнейшим
При бедности кормили.
И вот награда им была.
Однажды курочка снесла
Под вечер им яичко не простое,
А золотое.

Поднялся тут в избе и шум, и крик,
Кричит старик, кричит старушка:
"Нет бедности теперь! Прощай избушка!"-
К яичку бросился старик.-
"Мы будем жить среди дворцов!"
Тут мышка прыг да прыг, и падает яйцо.

Заплакал тут старик, заплакала старушка.
А курица им говорит в ответ:
"*Не плачьте. От того яичка только вред.*

Не так плоха избушка.
Коли не думать о дворцах.
Я возмещу потерю вам яйца.

Снесу другое вам яичко я, простое,
Не золотое,
И славный будет вам обед."

Понять сей басни смысл
Не стоит ничего.
Он всем легко дается.
Не обольщайтесь же яичком золотым,
А удовольствуйтесь простым.
Оно не разобьется,
А тоже пригодится кое для чего.

СТАРЫЙ НИЩИЙ (3)
(как бы песня Беранже)

Хоть свет до краю обежишь,
Других таких не сыщешь.
С женой и курицею жил
В Париже старый нищий.

Шутил с женою без конца,
А выпьет – весел втрое.
Однажды курочка снесла
Яичко золотое.

Ого! Ого! Ага! Ага!
Яичко золотое!

И вот в соблазны впал бедняк:
*"Я мог теперь бы тоже,
Надев красивый новый фрак,
Отдать визит вельможе.*

*Могла б Лизетта дамой быть,
А не швеей простою.
Всё это может нам добыть
Яичко золотое.*

*Ого! Ого! Ага! Ага!
Яичко золотое!*

*В карете сможем разъезжать,
Есть вдоволь, пить допьяна.
Отныне можем не дрожать
От ветра и тумана.*

*Спокойно песни распевать,
За хлеб не беспокоясь.
Всё это может нам достать
Яичко золотое.*

*Ого! Ого! Ага! Ага!
Яичко золотое!"*

Ей показался вдруг чердак
Так темен, пуст и тесен.
Он снял дырявый старый фрак,
Его на гвоздь повесил.

Шмыгнул мышонок в темный круг,
Отверстие пустое.
Качнулся пол, разбилось вдруг
Яичко золотое.

Ого! Ого! Ага! Ага!
Яичко золотое!

В ее глазах давно слеза
Уже сменилась смехом.
Он, помолчавши, ей сказал
Вдруг весело: *"Потеха!*

*Отдать свободу в этот час
Хотели мы с тобою.
А ну тебя! Ты не для нас,
Яичко золотое!*

*Ого! Ого! Ага! Ага!
Яичко золотое!*

*Пускай чердак наш пуст, высок,
Открытый всем туманам.
Через дорогу погребок,
Коль есть два су в карманах.*

*А песни может петь бедняк,
В дырявом фраке стоя.
А ну его, мой старый фрак,
Яичко золотое!*

*Ого! Ого! Ага! Ага!
Яичко золотое!"*

19 июня 1948

Я со своей самой близкой университетской подругой Иреной Вейсайте из Вильнюса (1952 год)

III

УНИВЕРСИТЕТСКИЕ СТИХИ

1948 – 1953

С мамой и нашей собачкой на даче в Подмосковье

АДЕ ЛЕВИНОЙ[34]

Я храню за крепкими запорами
Ветку вербы в письменном столе.
Может, ты – та самая, которую
Я ждала все десять школьных лет.

Дружбу, не умевшую завидовать,
Без измен, без сроков, без вранья,
Я ждала. Её никто не видывал.
Десять лет ее искала я.

И нашла. Почти совсем поверив,
Вспоминаю вечер у окна.
В темной комнате прикрыты двери.
Музыка далекая слышна.

Тихо. Ни шагов, ни колыханья.
Мы к окну подходим. Мы одни.
Мы стоим почти что без дыханья.
За окном рассыпаны огни.

9 марта 1949

---

[34] Ада Левина (1930 – 2004) - моя подруга по литобъединению "Пионерской Правды", однокурсница в университете (она училась на отделении журналистики, позднее - факультет журналистики МГУ имени М. В. Ломоносова). В течение почти полувека – с июля 1955 до 2001 года - работала в журнале "Работница". Стала выдающимся журналистом и автором многих популярных книг (см. "Рабочий край", "Дорогая военная цензура!" и др.).

ЗОЯ

Посвящается Зое Смирновой, моей однокурснице в Московском университете

Я справлюсь с любою грозою,
Вопросы решу любые.
Я только взгляну на Зою,
В глаза ее голубые.

И гнев, и обида, и ревность
Растают под светлою лаской,
Когда она смотрит царевной,
Спокойной царевной из сказки.

Когда я бываю скверная,
Когда изменяют другие,
Прощающими и верными
Я вижу глаза дорогие.

Прижму ладони к лицу я,
Представлю: радость лавиной!
И Зоя моя танцует,
Как блоковская Фаина[35].

А сядет и снова будет
Зоинька–недотрога.
И все хорошие люди
Её не любить не могут.

11 мая 1949

---

[34] Фаина – лирическая героиня одного из циклов 2-ой книги стихов А. А. Блока (II.) "Фаина" (1906 - 1908), её хорошо характеризуют цитаты из стихов Блока: "В бесконечной дали коридоров //Не она ли там пляшет вдали…" или "Всё в мире – кружащийся танец // И встречи трепещущих рук…"

* * *

Под сотнями солнечных арок
Весенней Москвою пройти.
И мир, как огромный подарок,
Лежит у меня на пути.

Подарок, пронизанный светом?
Нет, просто невзятый редут.
И в мире загадочном этом
Большие дела меня ждут.

Я буду владычицей сада,
Я вскину сигнал кораблю.
Нет, я изучаю Элладу.
Я эту Элладу люблю.

А в мире – невзятом редуте,
Знакомом еще наугад,
Желают какие-то люди
Устроить смеющийся сад.

Об этом мечтали с Эллады,
Об этом мечтали всегда.
Построить для этого надо
Заводы, мосты, города.

Защитник счастливого сада!
Висит автомат за плечом!
Кому же нужна ты, Эллада?
Ты – в прошлом. Ты здесь не причём.

15 мая 1949

БУДУЩИЕ ГРОЗЫ

Не пылит дорога,
Не дрожат листы.
Подожди немного –
Отдохнешь и ты.

Гёте, "Ночная песнь путника" (2)
Перевод М.Ю. Лермонтова

1

Будущие грозы
В облаке плывут.
Трудные вопросы
Встали наяву.

Желтые мимозы
Встали к окна.
Трудные вопросы
Я решу одна.

2

Не решишь ты вопросы сложные,
Не раскроешь чужие души.
В мире музыка есть тревожная
И прекрасная. Сядь и слушай.

Разве так обязательно надо
Для мелодии голубой,

Чтобы кто-то садился рядом,
Чтобы кто-то слушал с тобой.

Были грозы и будут грозы,
А сейчас хорошо отдохнуть.
В мире жёлтые есть мимозы,
Можно запах весны вдохнуть.

И поставить цветы без заботы,
И руками лицо обхватив,
Всё сидеть у стола за работой,
Отгоняя вчерашний мотив.

20 мая 1949

НАША БРИГАНТИНА

Песня "Бригантина" сочинена поэтом-романтиком Павлом Коганом (1918-1942) в 1936 году, когда он был еще студентом I курса знаменитого гуманитарного вуза ИФЛИ. В сентябре 1942 года поэт погиб на фронте под Новороссийском, возглавляя поиск разведчиков. За свою короткую жизнь поэт не увидел в печати ни одной строчки своих стихов. Его стихи, в том числе песня "Бригантина", были изданы лишь в 1963 году, после его смерти, и переизданы издательством "Советский писатель" в 1989 году (Павел Коган, сборники "Гроза" и "Стихи"). Песня "Бригантина" была широко известна среди московской молодежи в 30-х годах и стала студенческим гимном сначала литфака ИФЛИ, а потом филфака МГУ. Эту песню знают и поют до сих пор. Песня "Наша Бригантина" с немного переделанным текстом П. Когана была сочинена, когда студенты 2-го курса филфака МГУ работали на стройке нового здания университета на Ленинских горах (ранее Воробьевы горы). Поэтому авторство этого текста можно считать только условным.

Надоело говорить и спорить
И любить усталые глаза.
В флибустьерском дальнем синем море
Бригантина поднимает паруса.
         Павел Коган

Надоело говорить и спорить
И смотреть в усталые глаза.
На далеком нашем Черном море
Чья-то яхта поднимает паруса.

Бригадир, багровый от заката,
Сел в машину, не дождавшись нас.

Скоро мы сдадим свои лопаты,
"Бригантину" спев в последний раз.

Эта песня нас околдовала,
С этой песней вовсе не до сна.
Флибустьеры, поднимай бокалы
Терпкого грузинского вина.

Мы пьем за яростных и за усталых,
За презревших грошевый уют.
Пусть вьется по ветру флажок наш алый,
Люди Флинта гимн морям поют.

Как прощались с самой серебристой,
С самою заветною мечтой
Первокурсники и медалисты
Братья по грязи горячей и густой.

И с тех пор и в радости и в горе,
Стоит только мне прикрыть глаза,
Я увижу: в дальнем Черном море
Чья-то яхта поднимает паруса.

Июнь 1949

АНДРЕЮ ВОЗНЕСЕНСКОМУ[37]

Пусть про лётчиков многое врут,
Пусть пилоты бывают пьяницы,
Всё равно голубой уют
Непрестанной мечтою манится.
                Из стихов Вознесенского 1949 года

Над пароходом дымовая змейка.
Плывет навстречу Волга золотая.
На берегу взъерошенный Андрейка
Ломает ветки и стихи читает.

Легко пружинят под ногами кочки.
Заманчивая пахнет земляника.
В большое небо ты бросаешь строчки,
Красивые, упрямые до крика.

Как хорошо, что никого не видно.
Пускай никто не ходит вместе с нами.
Сегодня прозой говорить обидно
Сегодня надо говорить стихами.

Сейчас ноябрь тоскливою отравой,
Сижу, латынь до боли затвердя.
Москва-река – полоска стали ржавой
С прозрачными морщинами дождя.

И будет вечер длиться долго–долго
При мертвом свете желтого огня.

---

[37] Андрей Вознесенский (1933 – 2010) стал выдающимся русским поэтом, признанным во всём мире.

С Андреем Вознесенским у него на даче в Переделкино

И вдруг звонок, и снова – лето, Волга
С твоим звонком вернутся для меня.

Ты, как всегда, сначала монотонно,
Потом рванёшь от точки и до точки.
Пускай они из трубки телефонной,
Как прежде, в небо улетают строчки.

И голос твой гремит по всей квартире
И исчезает где-то вдалеке.
Большие, звонкие слова о мире,
О нашем лете на большой реке.

А ты еще изменишься немало,
Я иногда подумаю сама.
Не будешь нарываться на скандалы,
От шелеста ветвей сходить с ума.

Андрейка, тоненький, ужель ты впрямь поэт,
Иль очень скоро станешь ты обычным,
Серьезным, успокоенным, приличным,
В глазах погаснет этот странный свет?

Но верю: стоит нам лишь повстречаться,
И всё на миг вернется из былого:
Тот летний день, и ты попросишь слова,
И будешь в небо строчками кидаться.

Город Мышкин на Волге, июль–август 1949

ЕВГЕНИИ ЛЬВОВНЕ ГАЛЬПЕРИНОЙ[38]
(читавшей нам лекции по литературе XIX века)

Сегодня много девочек счастливых
Несут цветы – мимозы желтой пятна.
Нам тоже хочется послать цветы Вам,
И мы мечтаем: это Вам приятно.

Он должен быть простым, подарок наш. Сейчас
Еще не знаю я: пошлём иль заробеем?
Сумеем ли сказать, как уважаем Вас,
Чем стали Вы для нас обеих.

Мы мало знали Вас, и образ Ваш двоится,
И Вас живую дополняют странно
Рассказы Вашей бывшей ученицы
Или Аннета из Ромен Роллана.

Для нас Вы та, какой бы стать хотелось.
Принципиально, убежденно, тонко
Решать проблемы, не бояться дела
И трудных тем не обходить сторонкой.

Идти прямыми, верными путями,
Вопросы ставить, не страшась молвы.
Мы мысленно советуемся с Вами,
Чтоб поступать, как поступили б Вы.

8 марта 1951

---

[38] Это написано от моего имени и от имени Ирены Вейсайте. Ирена – моя ближайшая подруга по университету. Она приехала в Москву из Вильнюса и мы учились с ней в одной "немецкой" группе с 1950 по 1953 год. Я неоднократно бывала у нее в гостях, ездила с ней по Литве и отдыхала на замечательном литовском курорте Паланга.

ВЛАДИМИР ПЕТРОВИЧ[40]

Владимир Петрович жил,
Достойный всяких похвал.
Порой семинары вел,
Порою спецкурс читал.

И он на любой вопрос
Такой предлагал ответ:
С одной стороны это "да",
С другой стороны это "нет".

Он был осторожен и тих,
Мало кого обижал,
В длинных фразах своих
Порой подолгу блуждал.

Но если уж что говорил,
То говорил до конца,
Не потеряв лица,
Не потеряв лица.

12 ноября 1951 года

---

[40] Доцент Владимир Петрович Неустроев преподавал нам немецкую литературу.

МАЛЬЧИК ИЗ ЙЕНЫ[41]
(отрывок)

Этот день прошел постепенно,
И набережные тихи.
Белокурый мальчик из Йены
Любит те же, что я стихи...

1951

ПОДРАЖАНИЕ ОМАРУ ХАЙЯМУ[42]

Посвящается Сереже Ошерову

Милый друг, мы сегодня напьемся вина.
Нам с тобой эта жизнь не напрасно дана.
Ты согрей мне глинтвейн, я наполню бокалы.
К сожалению, жизнь эта только одна.

Одиссея, Гомер – ну кому это надо?
Мы с тобой одинаково любим Элладу.
Ты налей мне вина, почитай Энеиду.
Многознанье твое – мне совсем не награда.

Мне порой тяжело от познаний твоих.
Только вся наша жизнь – древнегреческий миф.

2 марта 1952 года, 3 курс МГУ

---

[41] В 1951 году в МГУ впервые приехали студенты из ГДР.
[42] Омар Хайям (1048 – 1131) – великий персидский поэт. См. "Рубаи" ("Четверостишия") Омара Хайяма.

НА ВОЛГЕ БЛИЗ КАЛИНИНА
Посвящается Сереже Ошерову

Уголок, мой знакомый, мой старый,
Отдаленнейших весел гребки.
Белый бакен, как белый парус,
В голубом тумане реки.

Дунет ветер шальным порывом,
И опять стоит тишина.
А внизу – глубоко под обрывом,
На песок набежит волна.

Я была здесь когда-то, когда-то,
Мы здесь были когда-то вдвоем.
И оранжевые закаты
Отражались во взгляде твоем.

И как был ты суров и печален
В темноте, в преддверии снов.
И зачем мы с тобой молчали,
Не найдя подходящих слов.

10 июня, 1952 года

ПЕСНЯ ОТДЫХАЮЩИХ СТУДЕНТОВ
(Паланга, Литовская ССР)

Как всегда ветерок шелестящий
Охлаждает вечернюю муть.
Мы проходим Палангою спящей,
Чтоб еще раз на море взглянуть.

Мы знаем: работа нас ждет впереди,
Так много, что еле успеть.
Но для нас отдыхать – это значит бродить
И с друзьями вечером петь.

Августовский медлительный вечер
До конца пропадает в ночи.
И, как друга далекого речи,
К нам откуда-то море звучит.

И если случилось, что друг далеко,
Не надо сидеть одному.
С нами пой, чтобы стало на сердце легко,
И почаще пиши ему.

Ты представь, что окончится лето,
Как кончалось в другие года.
Среди дел, среди встреч факультета,
Как мы вспомним всё это тогда.

Мы верим: нас много хорошего ждет:
Дела, и друзья, и любовь.
И еще раз пройдет замечательный год,
И Паланга встретит нас вновь.

Июль 1952

СТИХИ О ВИЛЬНЮСЕ

Дороги бежали, спускались, вились
Стальною рельсовой рекою.
Теперь, когда скажут где-нибудь Вильнюс,
Я знаю, что это такое.

Мне вспомнятся башенки святой Анны,
Как резные игрушки из прошлых веков.
Узеньких улиц изломы странные,
Гулкое эхо далеких шагов.

Сонные профили костелов многочисленных,
Лики апостолов опущенные вниз.
Тонкие тела ко святым причисленных,
Сложными узорами опутанный карниз.

Всё это в памяти мелькнет и спрячется,
Уйдет в туманы далеких лет.
Мне запомнится Вильнюс также иначе,
В жестокой истории бед и побед.

Недавние руины – следы сражений жарких
Трагичней вековых развалин.
Но уже на пустырях зацветают парки,
Которые студенты сажали.

Древний город сливается с новыми парками,
Только в старых улочках нет суеты.
И влюбленные гуляют под зелеными арками
И дарят друг другу яркие цветы.

Меж лесистых холмов протекает Нерис.
Быстрое течение – смотри не упади!

Пароходик качается вверх и вниз.
Я сижу и гадаю, что будет впереди.

А для пассажиров, наблюдающих с палуб,
Исчезает среди холмов и лесов
Вильнюс, город старинных кварталов
И молодых голосов.

Крутится Нерис причудливой игрою,
Чуть видны вдали последние дома.
Пропадают силуэты новостроек
И вершина самого высокого холма.
Август 1952

ГОРА ГЕДИМИНА

Зеленая гора в самом центре города,
Любимое место смелой детворы.
Кирпичная башня спокойно и гордо
Стоит на вершине зеленой горы.

Стены толщиною в несколько шагов,
Зияют бойницы узкие и длинные.
Крепость Гедимина – гроза врагов,
И трехцветное знамя - над башней Гедимина.[44]

Да, я вспомню город не так, а иначе,
Потому что я знаю, что это значит.
Трехцветное знамя над башней Гедимина -
Это мир и свобода в Вильнюсе старинном.
1952-1992

---

[43] Башня Гедимина – памятник архитектуры в центре Вильнюса, стоящая на холме старинная крепость, окруженная мощной каменной стеной.

[44] Трехцветный флаг (красный, зеленый, желтый) – символ свободной независимой Литвы. Литва получила независимость 11 марта 1991 года после кровавых событий 13 января того же года (см. события в Вильнюсе в январе 1991 года).

УНИВЕРСИТЕТСКОЕ

С.М..

1

Ты пройдешь, возмущенный, строгий,
Не заметив меня нарочно.
Разбегутся наши дороги,
Не сумею тебе помочь я.

Самый нужный, близкий судьбою,
Ты меня ненавидеть будешь,
Потому что о нас с тобою
Слишком много болтают люди.

Мы враги, это всем заметно,
Но когда ты бежишь сторонкой,
За тобою следит секретно
Грустный взгляд влюбленной девчонки.

Грустный взгляд любви и обиды,
Море нежности и участья.
Даже ты бы, видавший виды,
Захлебнулся бы в нем от счастья.

Мне бродить бы с тобой до рани,
Угадать бы, что наболело.
Только я твое на собранье
Персональное ставлю дело.

И сквозь годы я вспомню сразу,
И сквозь годы боль не измерить.
Как же я заученным фразам,
А не сердцу смогла поверить?

И когда взволнованной речью
Ты хлестал молчание зала,
Как же я не встала навстречу
И вины своей не признала.

Слишком горьки были уроки
Для девчонки, гордой собою.
Разбегутся наши дороги,
Разминутся судьба с судьбою.

2

Мне бы выдохнуть, как скучаю,
Объяснить, что сама в ответе,
Только я тебя не встречаю,
Не встречаю на факультете.

Где искать мне тебя отныне,
В сердце горестно так и пусто.
На знакомом мне факультете
Стало горестно так и гнусно.

И молчанье мое – до крика!
И молчанье мое – до боли!
Как проклятие, как улика.
Самый нужный, близкий судьбою!

За тобой ни следа, ни вехи,
Ни конца тут нет, ни начала!
Между мной и тобой навеки,
То собранье, где я смолчала.

19 сентября 1952

КАПУСТНИК 1952 ГОДА

Заключительная песня из кукольной пьесы о студенте-филологе Славе Печкине
(все актеры выходят с куклами в руках и поют)

Шумно реагировал зрительный зал.
Шорохи и смех. Шуточки и смех.
Но кто бы там, ребята, чего ни сказал,
Мы знаем, что вы поняли нас всех.

Припев: Наши куклы, пошутив,
Укрепляют коллектив.
Наш весёлый, наш горячий, боевой,
Комсомольский коллектив наш курсовой.
Коллекти-ив! Коллекти-ив!
(поется протяжно и с ударением на последнем слоге)

Песенка профессора Бугримова [45]

Я сам Бугримов грозный,
Литературовед.
Люблю всегда серьезный
Студенческий ответ.

Я все уловки знаю,
Никто не без греха.
Но я жесток к лентяям,
В чьих головах – труха.

---

[45] Прототипом этого персонажа нашего кукольного капустника профессора Романа Германовича Бугримова был зав. кафедрой филфака МГУ профессор Роман Михайлович Самарин. Фамилия "Бугримов" заимствована у Ирины Бугримовой, известной укротительницы львов.

Песенка на кончину профессора Бугримова

Умер Бугримов, нет для скорби слов.
В области науки не оставил он следов.
О, как мы все рыдали и как мы хохотали,
Что в области науки не оставил он следов!

**Шуточная песенка редакторов
факультетской стенной газеты "Филология"**
(*в реальности стенная газета "КОМСОМОЛИЯ"*).

В рокоте машинном,
В скрипе половиц,
В шорохе мышином,
В шелесте страниц.

Спит редактор, щёку
Подперев рукой.
Выйдет номер к сроку.
Мы пойдем домой!

Пишутся заметки.
Папиросный дым.
"Всё годится, детки.
Лишь подсократим".

Небо посветлело.
Блики по лицу.
Верстка всех отделов
Близится к концу.

Октябрь 1952

НА УРОКЕ АНГЛИЙСКОГО ЯЗЫКА

*Посвящается замечательной
преподавательнице английского языка
Лидии Николаевне Натан*[46]

This day was very sad, of course[47],
А вечер долог и нем.
Два Сомса сидели, повесив нос,
А Ирэн не пришла совсем.

But the trouble was[48] – издевательским светом
За окошком сияла moon.[49]
И как у той, кто всё потерял на свете,
Дрожали губы у Джун.

Она начинала, сбивалась и снова
Шептала, вся побледнев:
"Неправда, I have the right to know,
What he means. Yes, I have". [50]

А потом взяла себя в руки и строго
Сказала: "I have not prepared".[51]
И так и не было диалога,
Он должен был быть, but it failed.[52]

12 ноября 1952

---

[46] На уроках английского Л. Н. Натан мы читали в оригинале 1-й том "Саги о Форсайтах" Джона Голсуорси, роман "Собственник", и потом разыгрывали диалоги от имени героев этого романа (Сомс, Ирэн, Джун).

[47] Конечно, этот день был очень печален (англ.).

[48] Но беда была в том, что... (англ.).

[49] Луна (англ.).

[50] Я имею право знать, что он имел в виду. Да, я имею право. (англ.).

[51] Я не подготовилась (англ.).

[52] ...но он не получился (англ.).

ПРОСТО ДВОЕ ВСТРЕТИЛИСЬ ПО ДЕЛУ...

1

Просто двое встретились по делу,
Прозвучали первые слова.
Просто вышли в город ошалелый -
Шумная апрельская Москва.

Не могло же всё остаться чинным
В лихорадке шумов и лучей.
Улыбнулся девушке мужчина,
Руку ей подав через ручей.

В городе волнующем и звонком
Ты на миг дала лицу расцвесть,
Сразу став похожей на девчонку,
На себя саму, какая есть

А потом прощание навечно,
Умные, горячие слова.
Как твои недолговечны встречи,
Коротки пути твои, Москва!

Всех друзей разгонишь ты в тревоге,
Чтоб совсем одной домой идти.
Как длинны твои пути-дороги!
Город мой, Москва моя, прости!

Ты сама глаза закроешь зданьям,
Руки улиц сунешь в рукава.
Ах, Москва, скорей пошли свиданье,
Я тебе доверилась, Москва!

2

Милый друг, простимся на пороге.
Провожать не надо с этих пор.
Город мой, раскинь свои дороги,
Заведи со мною разговор!

Что мне до чинов его и славы?
Ты ведь знаешь всё, чем я жива.
Я лишь взгляд сердечный и лукавый
На твоих путях ищу, Москва.

Темнота бежит по стенам дома.
Отблески заката на окне.
Где же он, знакомый - незнакомый?
Что же он подумал обо мне?

Лечь усталой, пробродивши вечер,
Без дороги, без пути назад.
Снятся неожиданные встречи,
Радостный и всё понявший взгляд.

И не стало думы и тревоги.
Медленно темнеет синева.
Где они, мои пути-дороги?
Отыщи мне верную, Москва!

3 апреля 1953

СТИХИ О ВЕСНЕ
Посвящается Ирене Вейсайте

Как грустно мне твое явленье,
Весна, весна! Пора любви!...
                Александр Пушкин

Всё это так, конечно, без спора,
Каждое утро садись в трамвай,
Законспектируй бумаги горы,
Зачеты сдавай и в кино успевай.

Всё это так, конечно, без спора,
Но вот однажды станет невмочь,
Захочется на Воробьевы горы
И громко рыдать в апрельскую ночь.

То ли весна опять виновата,
Тает снег, как мои мечты.
Его сгребают грязной лопатой,
Чтоб башмачки не запачкала ты.

А ты улыбнешься печально и скоро,
И скажешь, что вот загрустила сама.
- Всё это так, конечно, без спора,
Но всё-таки жаль, что ушла зима.

Что чистое небо и слева, и справа,
Что звери злее, а люди лютей.
- То ли не стало статей в "Aufbau",[53]
То ли вообще не нужно статей.

6 апреля 1953 года

---

[53] Aufbau (Возрождение, нем.) – журнал в ГДР, статьи из которого мы переводили.

С Лёней

ЛЁНЬКЕ

Лёне Шуру, моему будущему первому мужу

Наверное, для лучшего понимания моих лирических стихов, мне нужно рассказать кое-что о своей личной жизни. История моего первого замужества – это одновременно рассказ о моей далекой юности и первой любви. Я вышла замуж на четвертом курсе университета в 1952 году когда мне еще не исполнилось и 21-го года. В ту пору мои однокурсники вдруг начали справлять свадьбы, в то время в России мы не очень думали о том, где и на какие деньги мы будем жить. Через несколько лет за этим последовали разводы, хотя некоторые пары остались верны друг другу и, как говорится в сказках, "жили долго и счастливо".

Мой муж Лёня Шур был на год старше меня, хотя поступил в университет годом позже, и учился со мной на одном факультете на 3-ем курсе испанского отделения. Он был очень преданным и любящим мужем, хотя мне нелегко было переносить его постоянную и ни на чем не основанную ревность. Я благодарна ему, что он всячески старался приобщить меня к спорту, прежде всего к туризму, и ему это вполне удалось. На каникулах мы ходили с ним в дальние походы: зимой - на лыжах, летом - пешим ходом или на байдарке. В августе 1953 года мы поехали на Кавказ и, примкнув к небольшой группе альпинистов, пошли в довольно трудный горный поход по Южноосетинской дороге - через Мамисонский перевал. А в январе 1954 года мы с Лёней расстались, как тогда казалось, навсегда, и скорее всего нас разлучила "юношеская нетерпимость", постоянные споры по всяким пустяковым вопросам, нежелание и неумение уступить. Например, мы отчаянно спорили, существует ли социалистический реализм в зарубежной литературе. Лично я вообще сомневалась в правомерности такого понятия, как "социалистический реализм".

Потом в марте 1954 года я уехала работать в город Улан-Удэ, столицу Бурят-Монгольской Автономной республики, а Лёня остался в Москве доучиваться в университете. Время от времени я посылала ему довольно грустные письма в стихах, из которых мне самой в настоящее время не очень ясно, достаточно ли я по нему скучала и хотела ли к нему вернуться.

Окончив университет, Лёня сумел получить назначение на работу в тот же педагогический институт, где работала я, и приехал в Улан-Удэ в августе 1955 года. Вскоре, через два-три месяца, я заявила ему, что полюбила другого человека (см. ниже стихотворение "Дон Кихот"). Помню, что я долго размышляла, кого я больше люблю: Лёню или "Дон Кихота", главное, кому из них я больше нужна. Человек, которого я называла Дон Кихотом и которого на самом деле звали Антон, был в моих глазах очень красивым и очень мужественным взрослым мужчиной. Придти к однозначному решению мне тогда не удалось, но любить одновременно двоих я считала безнравственным и постоянно мучилась от угрызений совести. В конце концов, мне начало казаться, что я больше нужна "Дон Кихоту", то есть Антону. Он был старше нас с Леней, что мне тогда очень импонировало, ему было 46 лет, и он был болен туберкулезом, от чего умер зимой 1958 года.

Летом 1956 года я вернулась в Москву и поступила в очную аспирантуру МГПИ им. Ленина[54]. Лёня был вынужден остаться в Улан-Удэ еще на один год, так как местный пединститут нельзя было оставить без преподавателя зарубежной литературы. Он смог вернуться в Москву лишь в 1957 году, и мои сослуживцы из москвичей, вернувшиеся из Улан-Удэ одновременно с ним, в один голос упрекали меня: "Как же ты могла бросить Лёньку?". Я тяжело это переживала, но всё же настояла на разводе, и мы с Леней развелись в том же 1957 году. До сих пор, вспоминая об этом, я страдаю от сознания своей вины перед своим первым мужем, которого я так и не смогла ни позабыть, ни разлюбить.

Вскоре после развода Лёня со своими родителями уехал заграницу, несколько лет странствовал по свету, потом обосновался в Париже, где окончил Сорбонну и довольно долго в ней преподавал. Неудачно женился и вскоре развелся. Написал несколько книг о кубинской литературе и о рукописях Пушкина во Франции. приехал в Москву повидаться со мной в 2003 году, и мы вместе вспоминали о нашей семейной жизни. Подводя итоги нашим воспоминаниям, он улыбнулся и сказал, что это был сплошной "детский сад".

---

[54] МГПИ им. Ленина – Московский государственный педагогический институт, в сущности, второй московский университет.

С Леней и его однокурсниками в походе в Подмосковье. Деревенские девочки.

Он приглашал меня в гости в Париж, но я считала тогда, что поездка в Париж для меня так же реальна, как поездка "на тот свет". Далее следуют мои первые стихи, посвященные Лене еще до того, как мы поженились, когда я была одна в доме отдыха на Рижском взморье.

> Ни души на пляже, ни речи,
> Я одна сижу недотрогой.
> Только волны бегут навстречу
> И никак добежать не могут.
>
> Что-то силятся спеть рыданья,
> Только с берега кто ответит?
> Там подальше без сострадания
> Волны рвет и терзает ветер.
>
> И взмахнувши платочком белым,
> Разбиваются волны где-то.
> Мой далекий друг, мой несмелый,
> Не доходят твои приветы.
>
> Только волны успели, слышишь,
> Мне шепнуть в предсмертном рыданье,
> Что ты длинные письма пишешь
> И сжигаешь без сострадания.

Рига, Дубулты, 10 июля 1952 года

ПЕСНЯ СТУДЕНТОВ
Дом отдыха МГУ, Дубулты, Рижское взморье

Дует ветер в жасминах несмело,
Рыбаки свой окончили путь.
Мы проходим по дубултским "елам",[55]
Чтоб еще раз на море взглянуть.

Ах, какие там были закаты!
Бог ветров, не сердись сгоряча!
Пусть и дальше сгорают ребята,
Раздаются удары мяча.

Пусть сроки путевки кончаются вдруг,
Я память о радостных днях сберегу.
О лицах поющих друзей и подруг
На рижском морском берегу.

Мы в экскурсиях съели собаку.
Мчат дороги туда и сюда.
Пусть не все мы, друзья, с геофака[56].
Все мы знаем, что есть Сигулда.[57]

Будет путь интересен и долог,
Древней готики каменный край.
Эй, философ, историк, филолог,
Торопись, не скучай, изучай!

---

[55] Jela – по-русски "улица".
[56] Географический факультет.
[57] Сигулда – одно из самых живописных мест в Латвии, Там есть замечательный старинный Турайдайский замок и мост, на котором провожают закат.

Ты представь, что окончится лето,
Как кончалось в другие года.
Среди дел, среди встреч факультета
Как мы вспомним всё это тогда.

Я знаю: работа нас ждет впереди,
Так много, что еле успеть.
Но для нас отдыхать – это значит бродить
И с друзьями вечером петь.

Июль 1952

НА УРОКЕ НЕМЕЦКОГО ЯЗЫКА
Посвящается Ирене Вейсайте

Всё звучит так скучно и привычно.
Все слова сливаются в одно.
И глаза, и мысли, как обычно,
Всё бегут куда-то за окно.

Но сквозь слов привычное звучанье
Слышу гнев и страсти торжество.
Старый Лессинг[58] требует молчанья,
Требует вниманья моего.

Щёлки губ, сомкнувшихся упрямо,
Ряд фигур, как будто неживой,
Но слова немецкой старой драмы
Оживили ровный голос твой.

Ты читаешь, здорово иль плохо…
И опять, как много лет назад.
Горе! "Eine Rose ist gebrochen,
Ehe sie der Sturm verblättert hat".[59]

Смотрит полдень из окна напротив.
Длится Deutsch[60] уже четвертый час.
Бедная Эмилия Галотти
Умирает уж в который раз.

14 октября 1952 года

---

[58] Готхольд Эфраим Лессинг (1729 – 1781) – немецкий поэт, драматург, литературный критик, просветитель. Он считается основоположником немецкой классической литературы. Эмилия Галотти – героиня одноименной трагедии Лессинга 1772 года. Эмилия – дочь простого честного воина. Она умирает от руки страстно любящего ее отца, ошибочно считая себя виновной в смерти своего жениха. Во всем виноват подлый камергер Маринелли, который полагает, что он действует на благо своего повелителя принца Гонзага, также влюбленного в Эмилию Галотти.

[59] "Розу сорвали, прежде чем буря унесла ее лепестки..." – с этими словами Эмилия Галотти умирает на руках заколовшего ее отца.

[60] Урок немецкого языка.

ПИСЬМО ВЫПУСКНИЦЫ – ПРАКТИКАНТКИ
(педагогическая практика в деревенской школе)

Сейчас даю урок. Огромный час
На тему: Пушкин. Лирика. Природа.
Мне легче, если я представлю вас,
Друзья по семинарам и походам.

Мне предстоит для этих вот мальчишек
Увидеть мир сквозь сотни точных призм.
Сегодня от меня они услышат
Впервые в жизни слово "реализм".

По-новому взволнованные лица.
Мне надо подобраться к их уму,
Чтоб им навеки в Пушкина влюбиться
И понимать, за что и почему.

Отбросить штампы многих скверных книжек,
Найти простые нужные слова.
Сейчас вбежит толпа моих мальчишек,
Скорей к окну – свежее голова

К окну – и ахнуть, и смотреть в молчанье:
Далёкий лес – дороги полчаса.
"Люблю я пышное природы увяданье,
В багрец и золото одетые леса"[61]

---

[61] Цитата из стихотворения А. С. Пушкина "Унылая пора, очей очарованье..."

Осенняя прощальная краса
Пока еще не тронута морозом.
Так близко-близко слышны голоса,
Спешат ребята к дальнему колхозу.

Со станции звучит гудок неясно.
Друзья мои, я вспоминаю вас.
Когда ученикам своим глазастым
Я Пушкина читаю в первый раз.

И позабывшим озорство и свист
Задам вопрос любому из мальчишек:
"Ты понял, что такое реалист?"
И он ответит: "Тот, кто правду пишет".

Брянская область, сентябрь 1952

ГОРНЫЕ ДОРОГИ

Лёне Шуру

1

Ближе чёрные отроги,
Вставшие стеной.
Скрылись горные дороги
В темноте ночной.

И уже совсем не видно
Величавых гор,
Только тянется обидный,
Бесконечный спор.

Я число обид забыла,
Их не перечесть.
Спор идет о том, что было,
Не о том, что есть.

Некуда бежать от боли
Среди этой тьмы.
Только мы забыли что ли,
Где с тобою мы?

Позабыли ту полянку,
Что разведал ты
И принес мне на стоянку
Белые цветы.

Где-то рядом шум Ардона,[62]
Бешеной воды.
Мчатся струи, исступленно
Занося следы.

---

[62] Ардон – река в северной Осетии.

То, что здесь громадой стало
У шальной реки,
Это - склоны, это - скалы,
Это - ледники.

Здесь уходят со стоянки
С самого утра,
Разметав вокруг останки
Старого костра.

И желают на прощанье
В тамошнем краю:
Каждому достичь вершины,
Каждому – свою!

8 августа 1953 года

2

Непроглядной, черной-черной
Тьмой покрыт восток.
И опять обидных, вздорных,
Лишних слов поток.

Нас зовут вперед дороги
Бо́льшей высоты.
Здесь ведут в обход дороги -
Это знаешь ты.

Здесь бывают склоны круты,
Надо обогнуть.
И соседнему маршруту
Перережешь путь.

И приветственное слово
На закате дня.
И погреться у чужого
Доброго огня.

Здесь встречаются обвалы
Или тупики.
Только горные привалы
Очень коротки.

И последние минуты
Догорать огню.
Только своему маршруту
Я не изменю.

12 августа 1953 года

IV

ВЗРОСЛЫЕ СТИХИ

1953 – 2013

С дочерью Машей

ПРОСТИ

Лёне Шуру

1

Кончено! Ты мне прости, что можешь.
Навсегда за всё меня прости.
Просто новый день из жизни прожит.
Говорят, что разошлись пути.

Будто мы с тобой пошли на лыжах.
Перед нами длинный снежный путь,
И кому-то дальше или ближе
Захотелось в сторону свернуть.

И лыжни всё дальше друг от друга,
И никто не хочет уступить.
Но ведь мы не можем друг без друга?
Но ведь мы не можем… Как же быть?

Всё снесу: паденья в снег глубокий
И метели в дальней стороне.
Путь, отныне ставший одиноким,
По ушедшей от тебя лыжне.

Не гляди усталыми глазами,
Люди врут, что разошлись пути.
Мы лыжни прокладываем сами,
Чтоб по ним идти.

2
Почему, обиженный и строгий,
Ты меня с упреком скрытым ждёшь?
Почему ты медлишь на дороге
И ко мне навстречу не идёшь?

Ты - гордец! Меня ты не неволишь,
Но совсем не хочешь мне помочь.
Милый, неужели ты позволишь?
Я ведь вправду убегаю прочь.

Ты не веришь в то, что одиноко
Я уйду по снежной целине?
Ты считаешь: всё это уроком,
Стать должно уроком в жизни мне?

Я опять верну свои улыбки,
Побреду одна куда-то вдаль.
Я прощу тебе твои ошибки,
Нас обоих почему-то жаль.

Ты поймёшь всё это слишком поздно,
Станешь горько на себя пенять,
И меня днем хмурым, ночью звёздной
Понапрасну будешь догонять.

3

Всё темнеет. Наступает вьюга.
Слабо слышен голос сквозь туман.
Только разве это голос друга,
Или это гул далёких стран?

Мне давно уж всё равно, куда там
Завела тебя твоя лыжня.
Оба мы с тобой не виноваты.
Ты прости меня!

Я не стану бледной и печальной.
Мне дорогу мягко стелет снег.
Может быть, меня за лесом дальним
Встретит человек.

Расскажу, какой была и стала,
По каким приметам путь нашла.
В первый раз признаюсь, что устала,
Но дошла.

2 февраля 1954 года

ЗИМНИЙ ЛЕС

Посвящается Самуилу Яковлевичу Маршаку, написавшему пьесу «Двенадцать месяцев»

Я бреду морозным зимним лесом.
Мне сегодня хорошо одной.
Шепчутся о чем-то с интересом
Маленькие елки за спиной.

Елочки-подружки, я мешаю?
Нарушаю тихий хоровод?
Заблудилась девочка большая
И, как в раннем детстве, чуда ждет.

Что мне до чудес необычайных?
Я ищу совсем простых чудес.
Я полна твоею тихой тайной,
Заколдованный мой зимний лес.

Ты скорей, скорей вернись обратно,
Все тревожатся в твоем дому.
Ты ушла – куда, им непонятно.
Не сказав, зачем и почему!

Ты замерзнешь, глупая беглянка,
Снег валит, хоть глаз не поднимай.
Но ведь есть заветная полянка
И веселый юный мальчик Май!

Милый мальчик Май с зеленой веткой!
Я тебя увидеть не смогу,

Потому что елочки-кокетки
По уши закутались в снегу.

Дует ветер, резкий и колючий,
И лыжню почти что замело.
Поверни назад, так будет лучше.
Поспеши, пока еще светло.

Путь назад не легкий и не близкий,
Времени напрасно не теряй!
Он и сам пришлет тебе записку,
Твой веселый юный мальчик Май.

Даже слишком юный и веселый.
Хоть бы он немножечко подрос.
Раньше провожал меня из школы,
А теперь ищи его в мороз.

До свиданья, лес мой, до свиданья!
Замирай своем хрустальном сне!
С хороводом елочек в молчанье
И со сказкой в самой глубине.

*Зимой на даче в Подмосковье,
15 февраля 1954 года*

Я ГОВОРИТЬ-ТО БОЮСЬ ОБ ЭТОМ…

Я говорить-то боюсь об этом,
Как о казни своей, как о пуле.
Что я хотела бы стать поэтом,
Но только не знаю, смогу ли.

Глупцы засмеются: Чего захотела,
Не по заслугам себя ценя.
А умные больше поймут, в чём дело,
И те, что добрей, пожалеют меня.

Скажут: Послушай! Зачем тебе? Кстати ли?
Поэтом быть до конца своих дней?
Трудно стать членом Союза писателей,
Но стать поэтом гораздо трудней.

Что за жизнь! Скитанья через пустыни,
Через все миражи, что пустыням положены!
Даже если ты сердце горячее вынешь,
Даже если действительно сможешь.

Действительно сможешь, минуя преграды,
Стать настоящим поэтом.
Нам жаль тебя, девочка. Лучше не надо.
Навеки забудь об этом.

2 марта 1954 года

БЫТЬ ПОЭТОМ И МАТЕМАТИКОМ…

Был встревоженный мир, заблудившийся в вечности.
Мне хотелось поставить его под чертой,
Перемножить нули, зачеркнуть бесконечности
И свести его к истине очень простой.

Мне хотелось, чтоб были условия заданы,
Чтобы жизнь обрела какие-то формы.
Мне хотелось постигнуть работой адовой
Виртуозную точность и четкость формул.

Где же четкость и ясность? И мне ли познать их?
И опять в бесконечность влечет меня бес.
По высотам взбесившихся математик,
Через глуби озер, через дали небес.

В бесконечность глаз твоих серого цвета,
Пусть о них лишь в стихах разговор возможен.
Быть математиком и поэтом –
Может быть, это одно и тоже.

Ведь и те и другие вторгаются в бездны,
Пытаются складывать их и делить.
Ведь и те и другие сидят бесполезно,
Чтобы что-то решить и определить.

Только легче жить математикам в мире,
Чьи пространства и числа менее зыбки.
А сложи-ка людей в коммунальной квартире,
Перемножь их колкости и улыбки.

Я стремилась узнать, как мечтают и плачут,
Только эта задача довольно сложная.
В школьном детстве остались простые задачи
С ответом единственным и возможным.

Где же книги с глубинами мысли и света,
Чтобы души открыть по законам грамматики?
Это шутка, но я пожелаю поэтам
Хоть немного побольше узнать математику.

Пожелаю им трезвости и самокритики,
Чтобы жизнь не свести к примитивным решениям.
Чтоб бессмертная точность ума аналитика
Сочеталась с безумством и вдохновением.

1949 год

ПИСЬМО ЛЁНЕ В МОСКВУ

1

Пять тысяч шестьсот километров
Отделяют меня от дома.
Пять шестьсот километров
До тебя. Я осталась одна.
Я иду по восточному городу,
Совсем еще незнакомому,
Где такие яркие и такая большая луна.

Ах, луна! Ты повсюду похожа!
Я почти что уверилась в чуде.
Вот пройду еще столько, пол-столько,
И сверну на знакомый Арбат.
Только звезды сверкнули: - "И что же?
Ну, и что же из этого будет?"
Эти яркие звезды Востока
Над моею Москвой не горят.

Ах, какие же странные люди,
Что в двадцатом неласковом веке
Сочинили подобную сказку,
Оставаясь большими детьми.
Ты пойми: это всё в самом деле,
Я проехала горы и реки.
Этот город – не точка на карте,
Он живой и с живыми людьми.

И зачем ты мне шлешь телеграммы?
Я готова и к сказке, и к были,

Я готова к тяжелым утратам,
Я готова к большому труду.
Вдалеке от тебя и от мамы
Я припомню, о чем мы забыли.
По еще незнакомому городу
Я размашистым шагом иду.

А вопросы: "Зачем это надо?
Перед кем мы с тобой виноваты?"
Ты не шли их: они опоздали,
И обратно меня не зови.
Просто грустно от лунного взгляда.
Ты ведь помнишь луну над Арбатом?
Начинайся, восточная сказка –
Испытание нашей любви.

Будет трудною вся эта небыль,
Я могу предсказать тебе сразу,
Что где-то за краем света
Не восточный рай, не Эдем,
А лишь только дарованный небом
Иль простым министерским приказом,
Освещенный большою луною,
Город Улан-Удэ.

17 марта 1954 года

2

Пять тысяч шестьсот километров
Отделяют меня от дома.
Я сама это всё придумала
И расхлебывать мне одной.
Я иду по чужому городу,
Совсем еще незнакомому,
С непривычно яркими звездами
И такой же яркой луной.

Мы же сами решили, мой глупый,
Сочиняя дурацкую сказку,
Что такая большая разлука
Станет благом для нашей любви.
Я живу без тебя и без мамы,
Без любви, без заботы, без ласки.
Я живу без тебя, мой хороший,
Ты обратно меня не зови.

Я иду по восточному городу,
Совсем еще незнакомому.
Иногда дохожу до вокзала,
Где стоят поезда из Москвы.
Я еще ни с кем не поссорилась,
И рюкзак я оставила дома.
И ни с кем ни о чем я не спорю,
И меня называют "на Вы".

Но, бывает, зовут меня горы,
Но, бывает, зовут меня лыжи.

Здесь стоят такие морозы,
Что не ходит никто по лыжне.
Что за разница - дальше иль ближе?
Здесь такие желтые пихты.
Я порой вспоминаю мимозы,
И никто не перечит мне.

Улан-Удэ, 1954 год

ДОН КИХОТ

Я уже довольно много рассказала о человеке, которого я про себя называла "Дон Кихот" и которого звали Антон Вапцаров. Но мне хотелось бы дополнить свой рассказ об этом очень красивом и ярком человеке. Антон окончил какой-то химический институт и пять лет сидел в лагере "за своего отца" - так тогда говорили. Его отец, сотрудник Коминтерна, болгарский коммунист, был репрессирован в 1936-ом и посмертно реабилитирован в 1954 году - при Хрущеве. Тогда же был освобожден и его сын, но жить и работать в Москве или Ленинграде ему было запрещено. Он подал какие-то бумаги с просьбой о снятии этого запрета и приехал в Улан-Удэ, где получил работу по специальности – стал преподавать химию в местном пединституте. То, что Антон сидел в лагере и заразился там туберкулезом, придавало ему еще больше романтики в моих глазах.

Мы близко познакомились с ним после собрания, где руководство пединститута подвергло меня жестокой критике за то, что я "непомерно преувеличиваю важность своего предмета" и "даю студентам непомерные задания, например, требую от них прочесть полностью неподъемную толстенную книгу под названием "Мадам Бовари". И самое странное, что эта книга, оказывается, есть в институтской библиотеке, да еще в трёх экземплярах, и студенты по очереди ее читают, вместо того, чтобы заниматься более важными для них предметами – основы марксизма-ленинизма или педагогика". Я уже упоминала об этом выше, процитировав отрывок из речи ректора, но здесь мне хочется добавить не менее красноречивые слова моего декана, который выступил вслед за ректором и горячо поддержал своего начальника.

Антон, который на каждом собрании защищал всех "несправедливо обиженных", был единственным, кто за меня заступился и на этот раз, убедив присутствующих, что, вероятно, я "ничего не имею против марксизма-ленинизма, а просто горячо люблю свой предмет – зарубежную литературу." Может быть, за это я его тогда полюбила, а он меня не знаю за что. Антон безвременно умер в 1958 году. Далее следуют посвященные ему стихи, которые я ему так и не успела прочесть.

Вы хитрить не имеете дара,
Не кривите обиженно рот.
Ах, Антон Николаич Вапцаров,
Мне поверьте, что вы Дон Кихот.

Да, тот самый, нескладный, старинный,
Безрассудно отважный в бою.
Героизмом, достойным мужчины,
Поразили вы душу мою.

Вам судьба за обиженных биться,
Колотушек накушаться всласть.
Быть побитым, но не покориться,
И на землю упасть, но не пасть.

Не поверить насмешкам презренным,
Под забралом не спрятать лица,
И так просто, и так вдохновенно,
Чуть дыша, повторять до конца:

"Пусть погибну я с правдой своею,
Раз ее защитить я не смог.
Всё равно краше всех Дульсинея,
Так вонзайте же, рыцарь, клинок!"

Был тот рыцарь в начищенных латах -
Бакалавр, хвастунишка и шут.
Кандидатик, погрязший в цитатах,
Не достойный высоких причуд.

Мне обидно и больно, не скрою –
Нет, не хохот, сшибающий с ног:

"Вот кого ты избрала в герои?
Что он сделал? Кому он помог?

С кем он спорил? И кем он унижен?"
Вы ведь снова отправитесь в бой.
Но смотрите, смотрите, смотри же…
Это мельницы перед тобой.

Это мельницы нового века –
Всё сцепления и провода.
Им легко затянуть человека
И не сбросить его никуда.

Где же бой? Безнадежность в охоту?
Где же люди? И где же враги?
Только не были б вы Дон Кихотом,
Если б видели вы рычаги.

Я хочу подойти и не смею,
Хоть нужна бы вам друга рука.
Я не мечу на роль Дульсинеи –
Дульсинея всегда далека.

Сочинять я не стану вам стансы,
Ничему не хочу вас учить.
Мне бы с вами пойти Санчо-Пансой,
Причитать и ушибы лечить.

Пусть жестоки враги и фальшивы,
Пусть все мельницы пущены в ход.
Шли века, а вы все-таки живы.
Вы мудрее нас всех, Дон Кихот.

Только всё-то работы, заботы,
Ваш суровый, встревоженный вид.
"Избегай, избегай Дон Кихота!" -
Осторожный рассудок твердит.

Улан-Удэ, Государственный бурятский педагогический институт имени Доржи Банзарова, 1956

ВЫЛАЗКИ, ВОСКРЕСНИКИ…

   1
Вылазки воскресники -
Старые слова.
От речей, от пресненьких,
Стынет голова.

Едем, осторожные,
Чтоб не шла молва.
С оглядкой тревожные
Говорим слова.

Что же брать на веру нам?
Нам уж не под стать.
Нам уж лицемерами,
Видно, вырастить.

   2
Рюкзак приторочу я,
Выйду за порог.

Скользкие обочины
Размокших дорог.

Лужицы блестящие,
Мокрая листва.
Это - настоящее,
Не одни слова.

Смотрит тихим взглядом
Солнце на большак.
И со мною рядом
Твой широкий шаг.

И со мною рядом
Колкое жнивьё.
Что же тебе надо,
Счастие мое?

3.
Речами горластыми
Сыты мы давно.
Быть энтузиастами
Нам не суждено.

Но от дум немножко
Голова пьяна.
Чья гниет картошка?
В чем ее вина?

Догорают зори,
Наплывет туман.

Горе мое, горе!
Всё вокруг обман.

Как пришло такое,
Душу теребя?
Мало мне покоя,
Мало мне тебя.

*10 сентября 1955,
аспирантура, поездка "на картошку"*

МУДРОСТЬ БЕЗУЧАСТЬЯ

Мудрость безучастья,
Роковая власть.
Как посмели счастье
Наше обокрасть?

Как же так посмели
Нас лишить с тобой
Счастья знать о цели,
Счастья рваться в бой.

Счастья быть в дозоре,
Счастья мир менять.
Горе, мое горе!
Как же всё понять?

20 сентября 1955 года

МОСКВА 1956

Мы без околичностей,
Безо всех прикрас.
Время культа личности
Воспитало нас.

Оглушило грохотом
Самых громких фраз.
Самым горьким опытом
Отрезвило нас.

Что нам фразы? Брось э них?
Знаю наизусть…
Подмосковной осени
Чистота и грусть!

Ты укрой нас в елках,
Ото всех запрячь.
Приюти в посёлках
Опустевших дач.

Ничего не знаю,
Всё хожу, молчу.
Мнится: приникаю
К чистому ключу.

Чтоб напиться правды,
Правда ведь одна.
До мути, до сути,
До самого дна.

Москва, октябрь 1956, аспирантура (1956-60)

ФЕВРАЛЬ

Ты прости, что кружу тебе голову.
Нам с тобой не судьба - я не лгу.
Я, наверное, просто от голоду
По такому круженью в снегу.

Я с тобой хохочу как девчонка,
Мне с тобою легко, как во сне.
Со щеками разгоряченными
Сонной улицей бродится мне.

Я совсем не имею права,
У меня столько всяких дел.
Да и ты не имеешь права,
Как бы этого ты не хотел.

Но спасибо за щедрый подарок
Среди снежной сплошной целины:
За мимозы несчастный огарок,
За волнующий запах весны.

И за то, что всё снова возможно,
И что снова зовет меня даль.
И за то, что легко и тревожно,
Я иду через этот февраль.

Москва, 1964

Я БЕГУ ПО ГОСЛИТУ

Гослит (Гослитиздат, ранее ГИХЛ, основан в 1930 г.) – крупнейшее советское, позднее российское книжное издательство. Оно выпускало классиков отечественной и мировой литературы, начиная с древнейших времен и включая литературы всех республик СССР, а также произведения выдающихся писателей современности. С 1963 года оно стало называться издательством "Художественная литература" (Худлит или ИХЛ), но все его сотрудники и авторы продолжали называть его по-старому - Гослит. Помимо книг, издательство выпускало также немало "периодики": "Роман-газету", журналы "Нева", "Звезда" и "Детская литература." С 1963 года начал существовать филиал издательства "Художественная литература" в Ленинграде.

Воспользуюсь случаем рассказать о нашем издательстве, которое очень многому меня научило. Оно находилось на старинной Ново-Басманной улице, каждый дом на которой имеет свою историю и причислен к "памятникам архитектуры", и занимало большой пятиэтажный "бывший дворянский" особняк (пятый этаж был надстроен). Издательство делилось на множество редакций, отделов и подотделов. Книги, которые мы выпускали, печатались в крупных типографиях на всей обширной территории СССР.

Следует напомнить, что в России был тогда "книжный голод", и хорошая книга была "лучшим подарком". Купить хорошие книги было непросто, москвичи нередко стояли в очереди в книжных магазинах по ночам, чтобы оформить подписку на выходившие только у нас "собрания сочинений" или на прославленные "книжные серии", такие, как "Забытая книга", "Памятники литературы древней Руси", "Библиотека классики", "Библиотека античной литературы", "Библиотека эпохи Возрождения", "Зарубежный роман XX века", "Всемирная литература" (выпускаемая отдельной редакцией) и многие другие. За нашими книгами гонялись библиофилы, и их не всегда могли приобрести даже библиотеки. Наше издательство не зря называли "издательством-миллионером", ибо оно выпускало многие книги миллионными тиражами и при этом получало миллионные доходы.

Уровень подготовки книг к печати, насколько я помню, был там необыкновенно высок. Над нашими изданиями нередко работали известные писатели, видные ученые, даже академики, назвать хотя бы двух крупнейших филологов современности М. Л. Гаспарова (1935 – 2005) и С. С. Аверинцева (1937 - 2004). Мне выпало счастье близко их знать и вместе с ними работать, но об этом впору писать отдельную книгу. Аверинцев дал мне удивительную рекомендацию в Союз писателей (в том смысле, что блестящим и удивительным было всё, что он когда-либо написал). Эту рекомендацию я бережно храню, поскольку, увы, мне выпало также несчастье надолго их обоих пережить, хотя оба годами были младше меня.

Постепенно в нашем издательстве собрался очень сильный редакторский коллектив, состоящий из квалифицированных филологов и несомненно одаренных в литературном отношении людей. Многие старшие редакторы сами писали стихи или прозу и имели собственные публикации. Другие выступали в качестве авторов предисловий и комментариев либо активно участвовали в определении состава "Избранного", томов собраний сочинений, антологий и книжных серий. Почти все "редакторы-зарубежники" пробовали свои силы в переводе, и некоторые становились отличными переводчиками, признанными мастерами. И уж конечно, рано или поздно, они подавали заявления и становились членами "литфонда" или же сразу "Союза писателей".

В то время "Союз писателей СССР", как и все творческие организации, разделился на два противоборствующих лагеря: "Союз писателей РСФСР", так называемый "бондаревский"[63], (откровенно консервативный и националистический, примыкавший к так называемой "Русской партии", отличавшейся крайним антисемитизмом) и "Союз писателей Москвы" (относительно либеральных взглядов, в котором состояли, по нашему мнению, более "достойные писатели", не чуждые некоторого "вольномыслия" и демократизма, но при этом весьма "осторожные". Люди вокруг тогда делились на "наших" и "не наших", и мы все время гадали, кто в нашей редакции, да и

---

[63] Образовано от имени известного советского писателя Юрия Бондарева (род. в 1924 г.), одного из создателей и ключевых фигур этого союза, близкого к власти и примыкавшего к группе писателей, которых называли "деревенщиками" или "почвенниками". Был автором многих известных романов и лауреатом ленинской и нескольких высших государственных премий.

С коллегами в редакции. Стоят: я, Сергей Ошеров, Маргит Бройер (из издательства Ауфбау, ГДР), Ира Солодунина. Сидит: Сима Шлапоберская.

*С директорами издательств
"Художественная Литература" и "Ауфбау"*

среди наших авторов, работает в КГБ и пишет отчеты о наших разговорах и настроениях. Осторожной была и я, как и все мои друзья по редакции, иначе не видать бы нам ни престижной работы, ни зарубежных командировок, хотя иногда нам нелегко было ладить с нашим "партийным" начальством и приходилось взвешивать, с кем можно говорить откровенно, а с кем - держать язык за зубами.

Дирекция в "мое время" не только задавала нам невозможно сжатые сроки на подготовку книг и сурово наказывала нас за опоздание, за пропущенные неточности и опечатки, за превышение объема книги или критические отзывы о ней в прессе. Но поистине беспощадны была и дирекция, и главная редакция ко всякого рода "идеологическим ошибкам". Правда, за получение первых мест на книжных выставках и ярмарках, за хорошее качество и отличное оформление, отмеченное в прессе, всех работавших над данной книгой (редактора, художественного редактора, корректора, техреда и т.д.) награждали почетными грамотами и довольно щедрыми денежными премиями.

Мне повезло не только потому, что я провела в издательстве, среди многих очень интересных и одаренных людей, свои лучшие зрелые годы, но и потому, что, пожалуй, это был самый плодотворный период в истории нашего издательства. После окончания горбачевской перестройки оно захирело и вступило в полосу серьезного, растянувшегося надолго, кризиса. Естественно, это было связано с общими тенденциями книгоиздания, а также с политической обстановкой и международными отношениями России, но, прежде всего, с губительным спадом ее экономики. Из издательства ушли его лучшие редакторы и наиболее квалифицированные сотрудники других отделов: кто на пенсию, кто на тот свет, а кто в другие, более благополучные вновь открывшиеся издательства. Оно начало выпускать и продавать главным образом переиздания. Я даже не знаю, существует ли оно сейчас, но в октябре 2013 года, когда я навсегда уехала из Москвы, издательство "Художественная литература" еще влачило жалкое существование, даже не входя в сотню лучших издательств России. Далее следуют стихи о Гослите.

Я БЕГУ ПО ГОСЛИТУ

Я бегу по ступенькам, предчувствуя разные беды,
Со второго на пятый – и только подковки стучат.
Там, на третьем, – я знаю – меня ожидают техреды.
Может быть, успокоят, скорее всего, промолчат.

Я бегу, как плыву, я глотаю соленую воду –
Коктебельские волны о чем-то тревожном журчат.
А в столовой – я знаю – сегодня немного народу,
Человек пять иль шесть и в передниках пара девчат.

Дальше Львиная бухта. О, чудо! Друзья из былого!
Все друзья из былого как будто построились в ряд.
Я зову их, молю подойти, но не слышу ни слова,
Только тихо за скалы они отступают назад…

Я войду в свою комнату шумно, неловко, неверно,
И Борис, как обычно, метнет мне насмешливый взгляд.
Улыбнется Наташа, сурово нахмурится Эрна,
И опять мы сидим, и голов наклонившихся ряд.

Москва, 1971

КЯСМУ

Кясму и расположенный в семи километрах от него поселок Вызу - замечательные, тогда еще не очень известные и людные курортные места в Эстонии на берегу Балтийского моря. Когда-то Кясму был рыбацкой деревней и здесь располагалась знаменитая "капитанская школа", выпускников которой, "кясминских капитанов", знали и ценили во всех европейских странах. Моя семья начала ездить на летний отдых в Кясму с 1964 года. Я и мои родители приезжали туда с моей дочкой Машей (род. в 1959 г.) в течение 10 лет, до смерти моего отца (1974). Там я познакомилась с моим будущим мужем в 1968 году (о нем говорится в предисловии). Я и потом, после долгого перерыва, проводила там июнь с мужем и двумя моими внуками, а з июле нас "сменяли" моя дочка и зять, и так продолжалось до 2004 года. В советское время в Кясму находилась погранзастава с русскими пограничниками.

С мужем, дочкой и племянницей в Кясму

Дочь Маша с дочерью моего брата на озере Кясму

Интернациональная компания моей подросшей дочери в Кясму

С внуками в Кясму

Старый Кясму. Покатые крыши.
Распогодился сумрачный день.
Пахнет морем и сланцем, а выше
Одуряет, бушует сирень.

И овечки стоят у причала,
И шиповник цветет у кино,
Словно всё повторится сначала,
Только сил мне уже не дано.

Но дорога до дальнего пляжа,
Силуэты знакомых камней,
Всё манит и манит, будоража,
В череде ускользающих дней.

Путь назад по песчаным барханам,
Где бурлит и тоскует прибой.
Жаль ему кораблей-великанов,
Отлученных от моря судьбой.

Много лет здесь стояли и гнили
Два красавца из крепких досок.[64]
Кто поверит, что здесь они были?
Их останки засыпал песок.

Где вы, кясминские капитаны?
Почему не пришли им помочь?
Вас закинуло в разные страны,
Где сейчас уже черная ночь.

---

[64] В 60-х годах на морском берегу в Кясму стояли и гнили два больших деревянных корабля, которым советская власть запретила выход в море. В море – и то недалеко - разрешалось плавать только колхозным рыбацким лодкам.

Я же снова закат провожаю,
Вижу призрак того корабля.
Милый Кясму, такая чужая
И такая родная земля.
Лето 1972

НОВОГОДНИЕ МЕЧТАНЬЯ

Посвящается всем редакторам Гослита, особенно русской редакции и всем помнящим "Евгения Онегина" и "онегинскую строфу"

О, новогодние мечтанья!
О, запах елок! О, зима!
Редакционные заданья!
Все графики сошли с ума.
Я сплю – не по своей охоте,
Конечно же, не на работе.
И снится мне чудесный сон –
Гослит из будущих времен!

Изображу вам всё подробно.
Зачем- то я бегу сквозь снег,
Хоть знаю – двадцать первый век,
Но опоздать мне неудобно.
Уже давно десятый час.
Бегу и вспоминаю вас.

И вот на улице Басманной,
Как средоточие Москвы,
Гослит раскинулся пространный,
В котором не бывали вы.
В единый стройный комплекс слиты
Сады Гослита, бар Гослита,
Библиотека, кинозал…
Ах, кто б нам это показал.

И кофе дух – до одуренья,
И завлекателен буфет,
Здесь всё ласкает слух и зренье,
Лишь для работы комнат нет.
Ведь с коих лет еще знакомо:
"Работать можно только дома!"

- А книжки? Есть они в заводе?
О них признаться я тужу.
- Входите! Тут же, при народе,
Вам сто названий разложу!
Забиты предложений доски
И многочисленны киоски,
Но я раскрою вам секрет:
Что самых нужных всё же нет.

Они раскуплены упрямо,
И я достать их не берусь.
Так вырос спрос, так вырос вкус,
Хоть ослепительна реклама,
Собой закрывшая дома:
"Подписывайтесь на Дюма!"

Изображу ль в картине верной
Я фирменный наш магазин.
Единственный и беспримерный,
Покамест он у нас один.
Туда идут редактор с другом,
Прибегнул друг к его услугам:
У друга подрастает дочь,
И надо в выборе помочь.

В зал классиков они заходят,
Идут меж полок, по рядам.
Здесь всё в комплекте, по годам,
Здесь консультант достойно бродит.
"Спасибо. Ваш совет учли.
Толстого нынче подвезли".

1 января 1980

ПОСВЯЩАЕТСЯ ГЕНРИХУ ГЕЙНЕ
Москва, издательство "Художественная литература" (Гослит)

Мне кажется, что это стихотворение по прошествии стольких лет со времени его создания требует довольно пространного объяснения. В 1982 году одна из младших редакторов нашего издательства, молодая "бдительная" сотрудница, считывала подготовленный к печати ст. редактором (то есть автором этих стихов), напечатанный на пишущей машинке заключительный шестой том "Собрания сочинений" великого немецкого поэта Генриха Гейне. Дойдя до блестящего прозаического произведения "Признания", которое сам Гейне называл "важным жизненным документом" и даже "итогом своих духовных исканий", младшая "редактриса" была чрезвычайно шокирована неумеренно хвалебным, по ее мнению, пассажем, посвященным древнему "народу Книги", то есть евреям. Она испуганно воскликнула: "Да это же сионизм!", видимо, не подозревая, что во времена Гейне, который был на два года старше Пушкина, такого понятия просто не существовало. Следует добавить, что в те годы в СССР всё еще продолжалась активная борьба с "сионизмом" и "сионистами" (всем понятная маскировка активной проповеди антисемитизма).

Игнорируя свойственную поэту внутреннюю иронию, а также тот факт, что данное сочинение Гейне уже неоднократно публиковалось на русском языке, молодая дама обрадованно вытягивает из рукописи несколько "крамольных", по ее мнению, страничек, и тут же бежит докладывать начальству. И здесь она встречает полную поддержку. Несмотря на объяснения, мольбы и многочисленные "докладные записки" редактора данного "Собрания сочинений", предсмертные "Признания" Гейне, по приказу куратора редакции и тогдашнего директора издательства были полностью удалены из тома и читатель их не прочел.

Редактору же настоятельно порекомендовали помалкивать об этой истории во избежание более серьезных карательных мер, вплоть до увольнения, и с той поры в течение долгого времени на всех издательских собраниях и даже один раз с трибуны Госкомиздата (нашего тогдашнего министерства) неизменно, в поучение другим работникам, поминались "чуть не прокравшиеся в печать, сионисткие высказывания" Гейне и едва ли не допущенный в связи с этим "грубый идеологический просчет" редактора. По этому поводу я написала следующее стихотворение.

О, собранье, фантастика бреда!
Генрих Гейне, займите свой ряд!
Поражение или победа? –
Обо мне и о вас говорят.

Уж не первый, не третий оратор
Что-то грозно вам ставит на вид.
И от злости трясется куратор,
И едва к потолку не летит.

Мне бы впору глядеть горделиво:
Это счастье, что мне суждено!
Генрих Гейне, вы живы, вы живы!
Ваше имя со мной сплетено.

А болван, недоучка, всеолух,
Как надут он и как он несмел
Как боится он ваших веселых
И навылет пронзающих стрел!

Вот отмучились вы, отгорели,
На язык же, как прежде, остры.
Нет, не пели над вами свирели,
А потом запылали костры.

Отсиделась едва Лорелея[65]
На пустынной скале над рекой.
Ну а вы всё наглее и злее.
И в кого уродились такой?

Надо тихо, чтоб всё было тихо,
Коль не хочешь познаться с сумой.
Самый грозный приказ Меттерниха[66]
Не доверят бумаге самой.

Бедный Генрих, порою полночной
Не ходи ты за мной, отпусти!
Но порой мне становится тошно
И кому то шепчу я «прости».

И всё та же фантастика бреда.
О, Гослит! Сто собраний подряд!
Поражение или победа?
Обо мне и о нем говорят.

Октябрь 1982

---

[65] "Лорелея" – одно из самых известных стихотворений Генриха Гейне. В нем использован мотив из старинного немецкого фольклора о прекрасной фее Лорелее, сидящей на скале посреди Рейна, и о гребце на ветхом суденышке, который утонул завороженный ее пением. Это стихотворение стало песней и печаталось даже в гитлеровской Германии без имени автора и с указанием "безымянная народная песня", когда сочинения Гейне публично сжигались на кострах вместе с книгами других еврейских или неугодных Гитлеру авторов. В 1831 году Гейне приказом прусской полиции был изгнан и из Германии и эмигрировал во Францию, где умер в 1956 году. Последние двенадцать лет жизни Гейне провел по его словам в так называемой "матрацной могиле", то есть его полностью парализовало, но продолжал писать замечательные стихи.

[66] Князь Меттерних (1773-1859) – австрийский государственный деятель и дипломат, после поражения Наполеона в России в 1812 году один из из организаторов и руководителей так называемого "Священного союза" европейских государств-победителей. Стоявший во главе правительства австрийской Габсбургской империи, этот всесильный министр по сути определял также политику тогдашней Пруссии. Существует мнение, что Гейне был изгнан из Германии во Францию по его негласному приказу.

ВСТРЕЧА В БОЛЬНИЦЕ

Посвящается Валентине Ставской.

Здесь все затихают встревоженно,
Густой марганцовкой дыша.
В телах сиротливых, скукоженных,
Неясно мерцает душа.

Улыбчивы иль обезличены,
Неважно: тупы иль умны,
Все мукой своей возвеличены,
Все мукой своей смятенны.

Кто скрылся в постели стремительно,
Кто тихо меж нами хандрит.
А кто-то светло, ослепительно,
Как яркая свечка, горит.

Нам всем зарекаться не велено
От хвори, тюрьмы иль сумы.
И вот в коридорах набеленных,
Как сестры, встречаемся мы.

"Мы с вами знакомы! Вы помните?" –
Я глаз отвести не могу.
Мы были соседки по комнате
На том, на морском берегу.

Всё та же былая красавица,
Но гордый страдальческий вид.
Как прежде, она улыбается,
Мне плечи расправить велит.

Как прежде, спокойный, внимательный
И всё понимающий взгляд.
Но сколько ей лет, обаятельной?
Так старшие сестры глядят.

Не можем наговориться.
Не весел он, наш разговор.
Тогда нам пришлось разлучиться,
Но что ж изменилось с тех пор?

Зачем потеряли друг друга?
И вот нас больница свела.
Мне горько, сестра и подруга,
Что я тебя здесь обрела.

А годы прошли, и немалые,
Но ты еще всё хороша.
Глаза воспаленно усталые,
Отчетливо светит душа.

И ты ободряешь нас верою,
Советуешь верить судьбе,
Хоть знаешь: неласковой мерою
Отмерит больница тебе.

Москва, больница на 15 Парковой улице, 1993

ХОЧЕТСЯ СПАТЬ
*Посвящается моему мужу Рувиму Кантору (1920-2010)
и коту Тимоше*

Жаль никто не учил меня веровать в Бога иль в Тору,
И проклятые годы загнали меня в мои семьдесят семь.
А вокруг пустота и противная серая темь.
Утешает лишь то, что со мной еще двое любимых и хворых.

Вот таких же развалин, как я, и нам хочется спать беспробудно,
Ведь во сне исчезают ломоты, и боли, и зуд.
И на миг возвращается прошлое. Как это чудно!
И опять наши резвые ноги нас к морю несут.

Но из памяти вдруг исчезают любимые строки.
Знаю, позже я вспомню их. С кем только этим делиться?
Милый муж спит в обнимку с котом, как и мы одиноким.
Хватит дрыхнуть, ребята! Вставайте, не надо сердиться!

Прочь проклятое сонное царство! Взгляните в окошко!
Ведь пока мы все вместе не надо бояться конца.
Ты сейчас рассмеешься, а вслед замурлыкает кошка.
Поскорей просыпайся - мне горестно без родного лица.

Я с обидой смотрю на фото родных детей -
Мы с другого конца земли вечно ждем вестей.
Но поспеет ли помощь, когда нагрянет беда,
Или рок нам сулил не увидеться никогда.

Москва, 2007

ОДИНОЧЕСТВО

Ты распяло меня, одиночество.
Я не знаю, зачем я живу.
Мне порой даже верить не хочется,
Что всё это со мной наяву.

Мне приносят поесть и попить
То, что надо, и то, что не надо,
Но единственная отрада
Для меня: говорить, говорить.

Но торопятся люди домой,
Там у них и заботы, и дети,
Недосуг им балакать со мной,
А подруг моих нет уж на свете.

Раньше верных друзей я имела,
Тех, что друга не бросят в беде.
Но теперь не найти их нигде,
Не живут они в наших пределах.

А родные мои всё далече,
Хоть исправно звонит телефон.
И я слышу их краткие речи,
Их спокойный, участливый тон.

Говорят: "Потерпи, это - старость.
Будет время, настигнет и нас".
Но безмолвная горькая ярость
Выжимает мне слезы из глаз.

"Заберите меня, заберите!" –
Я неслышно кричу им в ответ.
"Хоть почаще со мной говорите:
Пара слов, бесполезный совет".

Я все более тяжко больна.
Ты уже не придешь ко мне, Муза.
Тишина, тишина, тишина.
Ведь для близких я только обуза.

Потому поскорее в постель!
Где обещанный свет и туннель?

Октябрь 2011

V

ИЗ НАПИСАННОГО
В МАЙАМИ

2014 - 2015

Моя дочь Маша с детьми

ПРЕДЧУВСТВИЕ
Моей дочери Маше и внуку Боре

Вы купаться пошли в океане.
Радость после рабочего дня.
И прекрасное небо Майами
Широко распростерлось над вами,
Но еще вы не знаете сами,
Что на свете не стало меня.

США, Майами, май 2014 года

В Майами, 2015

РУВИМУ

"Были грозы и будут грозы
А сейчас хорошо отдохнуть.
В мире желтые есть мимозы,
Можно запах весны вдохнуть

И кому-то, наверное надо
Для мелодии голубой,
Чтобы кто-то садился рядом,
Говорил и грустил с тобой".

Это я написала когда-то,
Где-то в сорок девятом году.
Может быть, я сама виновата,
Что друзей я уже не найду.

Но живу я в краю далёком,
Где цветут другие цветы.
Даже если бы я вернулась,
Никогда не вернешься ты.

Всё уплыло: и годы, и силы,
И вокруг далеко не рай.
Я напрасно тебя просила:
"Мой любимый, не умирай!"

Я любила жить и смеяться,
Но теперь совсем не смеюсь.
Здесь так принято улыбаться,
Я улыбки своей боюсь.

Майами США, 2014

ЛЁШЕ В ДЕНЬ ШЕСТИДЕСЯТИЛЕТИЯ

И какой же вы, Лёша, хороший,
Что во Флориде, в дивном краю.
Там, где нет ни снегов, ни пороши,
Оценили вы дочку мою.

И каким же вы были когда-то,
Где решали вы всё сгоряча.
В волейбол там играют ребята,
Раздаются удары мяча.

И какой же вы, Леша, признаться,
Что годов не увидишь печать.
Как умеете вы посмеяться,
Как умеете вы промолчать.

И какие-то Клаша, Наташа,
Да и Даша – мне рифм не сыскать,
Не сравнятся красой с моей Машей.
Ни сказать, ни пером описать.

И как Маша всё вкусно готовит,
Как красиво на стол подает.
И коня на скаку остановит,
Сквозь горящую стену пройдет.

Ну а вы моей Маше под пару.
Вы поймете, что я не шучу.
Мне порой не хватает гитары,
Я хорошую песню учу.

Разделяют нас двадцать три года,
Но живу я, пока я цела.
Я бы с вами ходила в походы,
Я бы с вами в разведку пошла.

И хотя эти древние парки,
Что прядут наши длинные дни
(Пусть не ходят они в зоопарки,
Крокодилов боятся они).

Но две нитки сплетаются вместе,
Получается прочная нить.
И в каком бы вы ни были месте.
Вы сумеете всё оценить.

10 февраля 2015

КОКТЕБЕЛЬ

Посвящается памяти замечательного поэта и художника Максимилиана Волошина(1877-1932) и его мамы Елены Оттобальдовны, знаменитой "Пра".

Коктебель – один из самых прелестных и легендарных уголков старого Крыма. В 1893 году Елена Оттобальдовна Кириенко-Волошина, мать поэта, купила задешево живописный участок земли на берегу моря у подножия горы Карадаг (по-татарски –Черная гора). В 1893 году Максимилиан (Макс) Волошин построил здесь по своему проекту диковинный, причудливый «волошинский замок» (ныне Дом-музей), ставший впоследствии, в страшные переломные годы России, не только приютом многих известных поэтов и писателей, но и убежищем гонимых, преследуемых. В 1903 году мать Макса построила еще один большой дом, так как в отдельные годы здесь проживало несколько сотен гостей.

О Максе говорили: "Его оружием всегда была доброта". Оба своих дома поэт завещал Всероссийскому съезду писателей под Дом творчества.

В те дни - мой дом - слепой и запустелый
Хранил права убежища, как храм,
И растворялся только беглецам,
Скрывавшимся от петли и расстрела.
И красный вождь, и белый офицер,
Фанатики непримиримых вер,
Искали здесь, под кровлею поэта,
Убежища, защиты и совета.
Я сделал всё, чтоб братьям помешать
Себя губить, друг друга истреблять.

Максимилиан Волошин

1

«Широка страна моя родная.
Много в ней лесов, полей и рек».
И уходит, горы подминая,
Мой далекий, мой двадцатый век.

Ветерок причесывает пальмы,
В океане – ласковая мель.
Почему мне снится берег дальний?
Почему мне снится Коктебель?

Выбрать время, вымолить путевку –
Главная забота давних лет.
Чемодан свой уложить неловко,
В очереди выстоять билет.

Лишь тогда мне Крым предстанет раем,
Ни забот, ни боли и ни мук.
Рядом камушки перебирает
Мой прекрасный рыжий мальчик – внук.

На просторах каменного пляжа
Легкий скрежет гальки под ногой.
А вдали, кипя и будоража,
Растянулся рынок дорогой.

Модницы, фланёры, люди, лики,
И кого только не встретишь тут.
Продают ракушки, сердолики,
И вино в бочонках продают.

Продавцы, фотографы и воры –
И у каждого иная цель.
Яблоки и винограда горы –
Все твои богатства, Коктебель.

А тусовка мальчиков московских,
Выстроив морских пейзажей ряд, -
Поколенье юных Айвазовских -
О своем, об умном говорят.

2

Коктебель, твой дух степной, полынный,
Твой отвесный, гордый Карадаг!
Макс Волошин, дом странноприимный,
Дом поэтов, бардов и бродяг.

Дом-музей - причудливое диво,
Не умерший, все еще живой.
На скале, «замкнувшей зыбь залива»,
На века изваян профиль твой,

Макс - певец бессмертной Киммерии!
(Киммерия – это «остров Крым»).
Коктебель мой, сколько не живи я,
Всё дышу я воздухом твоим!

Крым, представший яблоком раздора,
Порошенко, Путин и война.
Грязь и кровь, бессмысленные споры
И немая смерти тишина.

Жизнь моя – всегдашняя нежданность,
Скоро ли твоя порвется нить?
Солнечную Флориды туманность
Мне пора принять и оценить.

Майами, октябрь 2015

Коктебель, скалы

*Коктебель, с дочерью Машей
и семьёй чувашского писателя Миши Юхма*

СОДЕРЖАНИЕ

Воспоминания о моей жизни и моих стихах 5

I. ДЕТСКИЕ СТИХИ (1939 - 1940)

Девочка с котенком 51
Большая прыгалка 53

II. ШКОЛЬНЫЕ СТИХИ (1945 - 1948)

Полночь 57
Открытый урок 58
В госпитале для раненых 59
Москва встречает солдат, вернувшихся с фронта 60
На могиле Дениса Давыдова 61
Слово о полку Игореве 65
Новогоднее 69
С тобой поступили жестоко 70
День тоскливый... 71
На уроке естествознания 72
Учебный год (отрывок) 73
В парке 73
В метро 74
Непонятная ссора 74
Весна 75
Перед уроком истории 76
Мы старались с тобою большими казаться 77
Ветер 79
Часовые низко гири 80
Пусто 81
Сумерки 82

Лазурное царство	82
Разговор с ветром	84
В больнице (1, 2)	86
Мокрая весна	88
Девушка моей мечты	90
Сказка о курочке Рябе	
Прекрасное яйцо (1)	92
(как бы написал Блок)	
Золотое яйцо (2)	93
(как бы басня Крылова)	
Старый нищий (3)	95
(как бы песня Беранже)	

III. УНИВЕРСИТЕТСКИЕ СТИХИ (1948 – 1953)

Аде Левиной	101
Зоя	102
"Под сотнями солнечных арок..."	103
Будущие грозы	104
Наша Бригантина	106
Андрею Вознесенскому	108
Евгении Львовоне Гальпериной	111
Владимир Петрович	112
Мальчик из Йены	113
Подражание Омару Хайяму	113
На Волге близ Калинина (Тверь)	114
Песня отдыхающих студентов (Паланга, Литва)	115
Стихи о Вильнюсе	116
Гора Гедимина	117
Университетское	118
Капустник 1952 года	120

На уроке английского языка, Лидии Николаевне Натан	122
Просто двое встретились по делу...(1, 2)	123
Стихи о весне	125
Лёньке	127
Песня студентов Дубулты, Рижское взморье	131
На уроке немецкого языка	133
Письмо выпускницы - практикантки	134
Горные дороги (1,2)	136

IV. ВЗРОСЛЫЕ СТИХИ (1953 - 2013)

Прости (1, 2, 3)	141
Зимний лес	144
Я говорить-то боюсь об этом	146
Быть математиком и поэтом	147
Письмо Лёне в Москву (1, 2)	149
Дон Кихот	153
Вылазки, воскресники... (1, 2, 3)	156
Мудрость безучастья	158
Москва 1956	159
Февраль	160
Я бегу по Гослиту	161
Кясму	167
Новогодние мечтанья	174
Посвящается Генриху Гейне	177
Встреча в больнице	180
Хочется спать	182
Одиночество	183

V. ИЗ НАПИСАННОГО В МАЙАМИ (2014 - 2015)

Предчувствие 187
Рувиму 189
Лёше в день шестидесятилетия 190
Коктебель 192